CÓMO ACOMPAÑAR A MORIR

Ana Vidal Egea

Cómo acompañar a morir

Una guía práctica para doulas del final de la vida y cuidadores

la esfera de los libros

Primera edición: enero de 2022

Avenida de San Luis, 25
28033 Madrid
Tel. 91 296 02 00
www.esferalibros.com

ISBN: 978-84-1384-250-9
Depósito legal: M. 31.713-2021
Fotocomposición: Creative XML, S.L.
Impresión y encuadernación: Anzos
Impreso en España-*Printed in Spain*

Índice

A Kevin y a Siboney, por toda la luz.

Agradecimientos

Cada una de las personas a las que he acompañado durante sus últimos días de vida me ha enseñado algo sagrado. También todos aquellos que han perdido a alguien y han compartido su experiencia conmigo. Algunos momentos condensan la sabiduría de años y para mí ha sido un privilegio y un honor haber tenido la oportunidad de estar presente. Recuerdo con frecuencia y agradecimiento a esos maestros, ya fueran desconocidos o seres muy queridos para mí. Gracias también a la enfermedad, que cuando era muy joven me recordó que podía morir en cualquier momento y me dio la motivación para vivir con plenitud y conciencia. Gracias a Enric Benito que respondió generosamente a mis consultas. Gracias al equipo de coordinación de voluntarios del Visiting Nurse Service de Nueva York; a Gail, Melissa, Alison y Kim, por darme la oportunidad de crecer. Gracias a mi amor, por hacerme vibrar siempre tan alto. Gracias a mi familia, por apoyarme siempre y leer con entusiasmo el borrador de este libro en apenas dos días. Gracias a Mónica Liberman, directora literaria de La Esfera de los Libros, por confiar en mi voz.

Y gracias, sobre todo, a mi hija, que me ha permitido escribir sobre la mortalidad desde la luz que arroja el principio de la vida, recordándome con cada gesto, mirada y descubrimiento que, pese a la finitud, cada momento está cargado de belleza.

1

LA MUERTE

NACER, MORIR

La muerte une a ricos y a pobres, a sanos y enfermos, a personas de distinta religión, raza, cultura, edad, lengua y clase social, situados en cualquier espacio geográfico. Mueren los santos y mueren los villanos. Todo lo que nace muere. Antes o después, todos moriremos.

La vida y la muerte son interdependientes, son lo que el taoísmo representa como el yin y el yang: dos fuerzas fundamentales opuestas que se complementan. Si no fuera por la muerte, ¿valoraríamos la vida? Y, sin embargo, hay un gran desequilibrio entre la desbordante información que existe sobre la llegada al mundo —de todas las formas, por todos los canales—, en contraste con los escasos materiales que pueden resultar útiles para prepararse de cara al proceso de morir. Sabemos mucho sobre cómo abordar el principio de la vida y apenas nada de los cuidados que se requieren al final.

Hay millones de libros, material audiovisual y cursos por doquier que ayudan a la preparación tanto del nacimiento como de la crianza, una preparación holística que hace que la bienvenida al mundo sea más suave y participativa. Existen cursos y tratados donde se explica detalladamente desde la perspectiva biológica lo que sucede en cada etapa, y se aborda la repercusión psicológica y emocional de cada fase. Se han diseñado programas específicos para tratar la alimentación del bebé, relacionándola con su desarrollo; se estudian los distintos tipos de educación, los juguetes didácticos, las relaciones sociales, la forma de dormir y la calidad del sueño. Hay profesionales especializados en cada etapa de crecimiento, así como numerosas comunidades y foros que ofrecen su ayuda para que los padres se sientan acompañados. Pero si lo comparamos con las publicaciones y cursos en relación con la muerte, el desnivel se hace más que patente, es irrisorio. Uno no tiene constancia de lo poco que se ha escrito acerca de la muerte hasta que debe enfrentarse a ella, ya sea porque su muerte se aproxima o porque está acompañando a alguien que está muriendo. Es algo que suele preocupar de golpe y con urgencia. Como dice Joan Didion: «La vida cambia rápido, la vida cambia en un instante. Te sientas a cenar y la vida que conoces se acaba».[1] Y es entonces cuando uno quiere prepararse a fondo; pero a la

---

[1] Joan Didion, *El año del pensamiento mágico*, Literatura Random House, Barcelona, 2005.

intensidad emocional del sufrimiento se añade la frustración de no saber cómo gestionar la experiencia y no encontrar información útil que pueda servir de guía en un periodo tan delicado.

Hemos tardado siglos en comprender que hablar de la muerte es necesario, porque es indisociable de la vida. Y, aunque nuestros padres no tuvieran las herramientas para abordar este tema con naturalidad —porque se consideraba un tabú—, hoy ya disponemos de información, grupos y formas para trabajar la aceptación de nuestra propia muerte y la de los que nos rodean. Ya se trate de seres queridos o de desconocidos, todos podemos contribuir a crear ese amparo para que la persona que esté muriendo pueda irse con confianza y sin miedo, en paz.

La muerte no es lo opuesto a la vida —es parte de la vida—, es lo opuesto al nacimiento. Se suele sobrellevar el no saber qué había antes de nacer porque lo que importa es estar vivos, y ya lo estamos; pero a medida que envejecemos y que experimentamos accidentes, enfermedades y la pérdida de seres queridos, se empieza a ramificar el miedo. No saber qué sucederá una vez hayamos muerto, tener la certeza de que en algún momento tendremos que despedirnos de la vida, saber que nos separaremos de todo lo que amamos. Miedo al dolor. A hacer la transición en solitario. A irnos dejando cosas pendientes. Miedo a morir abruptamente, sin tiempo ni conciencia para decir adiós. En definitiva, el solo hecho de pensar en la muerte supone abrir una caja de Pandora que cuesta mucho cerrar. En la cultura occidental se suele optar por el silencio, como si de lo contrario se fuera a despertar una bestia hambrienta. Nadie habla de la muerte para no intensificar una emoción que pocos han aprendido a manejar.

Acompañar a alguien en la fase final de su vida, al igual que cuidar a un bebé hasta que es capaz de defenderse por sí mismo, es probablemente el acto de generosidad y amor más sublime que pueda hacerse por otro ser humano. Son procesos sagrados. Con la misma ternura con la que se recibe a un recién nacido, así se debe cuidar a quien está muriendo. Dándole la mejor atención, creando una sensación de paz y seguridad y siendo capaz de hacerlo con la misma paciencia y el mismo amor incondicional.

Cuidar y acompañar a alguien en su nacimiento o su muerte implica un desgaste emocional y físico. Conlleva lo que muchos consideran un sacrificio, porque supone invertir mucho tiempo y energía, ambos limitados, en otra persona. Hay quien considera cuidar a otro como un tiempo perdido. Yo lo considero un privilegio. Este libro es una invitación a que, a partir de ahora, sea visto como un regalo, porque nunca se aprende tanto en la vida como cuando se cuida a un bebé o a un moribundo. Es más, aquellos que no han experimentado de cerca estos procesos —nacer, morir— están desconectados de la esencia de la vida.

Observar el proceso de morir de alguien cercano no solo implica tener conciencia de que nos estamos despidiendo de esa persona, sino empezar a asimilar que algún día seremos esa persona. Esto que parece en principio sencillo no lo es, porque sabemos que vamos a morir, pero interiorizarlo es muy distinto. Uno sabe de lo que habla cuando lo experimenta y lo siente, lo demás es un conocimiento teórico que en cierta medida no ha sido confrontado y que no parece real.

Acompañar a alguien que está muriendo nos permite convivir con la muerte con el máximo respeto, corroborar que es real y observar cómo se va manifestando. Es una experiencia transformadora y trascendental que nos da un gran conocimiento sobre la vida y nos prepara para nuestra propia finitud.

Sigo con la analogía del nacer y el morir para compartir una última reflexión. Personalmente me da paz pensar que nacemos para experimentar la vida en plenitud —con todo su espectro de emociones— y desarrollarnos espiritualmente de forma que, cuando llega el momento de la muerte, estamos preparados para recibirla con naturalidad, con respeto, pero sin miedo. En el peor de los casos, seguimos vivos en las personas que nos quisieron, no solo porque nos recordarán, sino porque habrán integrado algo nuestro en su interior.

Siguiendo con la comparativa, el bebé y el moribundo se asemejan en su fragilidad, pero hay una diferencia sustancial entre el principio y el final: el recorrido. Al bebé le asustan muchas cosas y por eso su llanto se vuelve a veces inconsolable ante lo que le genera inseguridad o miedo. Pero la persona que está muriendo ha tenido tiempo y experiencias para aprender a lo largo de su vida y ese conocimiento es fundamental para que, llegado el momento, pueda dejarse ir con serenidad y agradecimiento, sin resistencia. Llegar al final de la vida aceptando que ha llegado el momento de partir, significa haber hecho un buen uso del tiempo que hemos estado vivos.

Cuando llega la hora, instintivamente todos sabemos que estamos muriendo y estamos preparados para hacerlo, del mismo modo que una mujer está innatamente preparada para dar a luz y sabe cuándo ha empezado el parto.

El cuerpo lo sabe y el corazón lo sabe.

Es la mente la que resiste, la que lucha, la que está asustada. Por eso hay que aprender a domar la mente a lo largo de la vida, calmarla como a un animal salvaje y conseguir acallar los pensamientos pendulares, que vienen y van como una amenaza constante.

Si la persona que está muriendo ha vivido con conciencia y plenitud, llegará a la muerte con serenidad. Si, por las razones que sean, el moribundo ha dejado que la mente tenga poder sobre sí mismo, necesitará más ayuda.

El acompañante contribuirá a que la transición sea lo más armoniosa posible; a su vez, experimentará uno de los mayores aprendizajes de la vida.

El secreto para superar el miedo

La tanatofobia es el mayor enemigo del hombre. Obsesionarse con la muerte solo resta, porque mientras estamos vivos no podemos saber qué sucede después de morir. Los libros que tratan este asunto no dejan de ser conjeturas, por muy iluminados que estén quienes los escriban. Lo mismo sucede con las religiones que tratan de explicarla para paliar la frustración generalizada. Pura especulación. Como nadie puede probar su argumento, las tesis son igualmente válidas y respetables, y ninguna creencia es superior o inferior a otra. Lo único que sabemos con certeza es que todos nos vamos a morir. Pero, aunque sabemos que podemos morir en cualquier momento, los accidentes y la enfermedad nos parecen una traición y apelamos a la justicia pese a que sabemos que la naturaleza se rige por otras reglas. Vemos morir a las personas que nos rodean, vemos morir a los animales y las plantas, sabemos que en algún momento moriremos y, aun así, sigue siendo un concepto de ciencia ficción para la mayoría; algo que no terminamos de creer, como si confiáramos secretamente en encontrar una forma de escapar al destino que nos hermana con todos los demás seres vivos.

Es común escuchar eufemismos —descansar, perder la vida o ir al cielo— para amortiguar el miedo que produce hablar de la muerte. También es común leer o escuchar a personas que afirman que la muerte no existe porque la vida es eterna, pero vuelve a ser una forma de hablar para atenuar el temor a morir. Se vive con supersticiones y creencias populares que funcionan como herramientas para sobrellevar aquello que produce incertidumbre.

Muchas personas viven aterrorizadas, en un continuo estado de desasosiego, escondido o expuesto en mayor o menor medida, dependiendo de la personalidad de cada uno y de la edad o salud que se tenga. Por lo general, a más años, más vulnerabilidad o más coraza. Muchos desarrollan hipocondría, otros tratan de evitar el tema de conversación y son muchos los que huyen de tanatorios, entierros y hospitales, como si pudieran así escapar de un destino ineludible. Son muchas las personas que, abrumadas por algo inevitable que no pueden controlar, prefieren evitar hablar de la muerte, postergar el tema hasta que la vida se lo permita y, entretanto, actuar como si fueran inmortales. Parece que, si no se habla de algo, ese algo no existe. Y todo lo que rodea la muerte está cubierto de un silencio de siglos, un silencio interior que retumba. Un silencio ruidoso que nos come por dentro. Además, en muchas ocasiones el proceso de morir se desencadena de forma rápida, a un ritmo vertiginoso que solo permite atender a lo inmediato.

Hay quien tiene más miedo al sufrimiento asociado al proceso de morir que a la propia muerte. Pero, independientemente del camino espiritual que se haya recorrido, el proceso de morir no tiene por qué estar asociado al sufrimiento. Una frase popular que se atribuye a Buda nos puede alumbrar en este sentido: «El dolor es inevitable, el sufrimiento es opcional». El sufrimiento dependerá de nuestra actitud ante el dolor, de si nos sentamos junto a ese dolor abiertos a dejarlo ser o nos resistimos, concentrando nuestra atención en su intensidad. Para fortalecernos frente a ese dolor al que nos enfrentaremos en una o más ocasiones de nuestra vida, hay muchas prácticas que pueden ayudarnos, como el vipassana o el kundalini yoga, que nos enseñan a trabajar la resistencia mental, a persistir pese a la incomodidad física. Hay muchas formas de abordar el dolor. Hay quien lo aprovecha para conectar y empatizar con todas las personas que comparten la misma experiencia, sintiéndose así acompañado.

Es importante recordar que nuestro dolor es el dolor del mundo, de la humanidad entera. Otros optan por lidiar con su dolor con la intención de redimir a otras personas de experimentar lo mismo, y el dotarlo de un propósito lo hace más llevadero. Pero si el dolor se vuelve tan desbordante que no puede transformarse ni gestionarse de forma emocional o psicológica, la medicación existe para ayudarnos. Gracias a los avances en la medicina moderna para disminuir y erradicar el dolor, los cuidados paliativos se han convertido en una forma gentil y compasiva de suavizar el final de la vida. Nadie nos premia por sufrir, con el paso de los siglos hemos aprendido que el heroísmo es algo distinto. Es indeseable e innecesario en el siglo XXI un final donde el dolor sea el protagonista. Nos merecemos una muerte lo más apacible y suave posible.

Sabiendo que se puede morir sin dolor, ¿qué queda entonces que nos asusta tanto? El miedo a perder todo lo que valoramos, a la disolución del yo, la transición a lo desconocido... Pero, en palabras de Joan Halifax, precisamente «esa es la naturaleza del morir: dejarse llevar hacia lo desconocido, soltar nuestras amarras y abrirnos a la inmensidad de quienes somos en realidad».[2]

Como decía aquel verso de Tagore «la muerte no es apagar la luz, es apagar la lámpara porque ha llegado el amanecer». Cada uno es libre de encontrar la vía que le dé más paz, pero hay que encontrarla. Sabiendo que el momento va a llegar, lo más sensato es aceptarlo y prepararse para que, ocurra cuando ocurra, no

---

[2] Joan Halifax, *Estar con los que mueren*, Kairós, Barcelona, 2008, p. 19.

sorprenda. Montaigne decía que ya que no sabemos dónde nos espera la muerte es preferible esperarla en todas partes, porque vencido el miedo a morir, uno se vuelve libre. Llevaba razón.

Aceptar lo que no podemos controlar

Nuestra educación está fuertemente arraigada en la concepción del héroe como un luchador que se enfrenta a la realidad y gana la batalla gracias, en parte, a su fuerza de voluntad y a su firme convicción de que no va a rendirse nunca. La historia está cargada de ejemplos donde la resistencia es considerada algo positivo, un elemento de lucha por la dignidad y la integridad de una persona.

Famoso es el enfurecido poema que Dylan Thomas escribió a su padre cuando este estaba muriendo y donde le pedía que luchara con todas sus fuerzas y se resistiera para no morir. «No entres dócilmente en esa buena noche [...], / enfurécete, enfurécete ante la muerte de la luz». Estos versos, que se convirtieron casi en un himno, van radicalmente en contra de lo que se considera una buena muerte. Rebelarnos contra la naturaleza de la vida cuando la estamos terminando solo agudiza el dolor, la ansiedad y la tristeza para el que muere y sus allegados. Es lo contrario a la paz y juega, en última instancia, en contra de nosotros mismos. ¿Qué beneficio aporta una actitud de ese tipo?

Es importante discernir lo que depende de nosotros de lo que no. Hay casos en los que ciertos cánceres han podido vencerse a base de un cambio de alimentación y pensamiento radical, pero otros están en un estadio tan avanzado o son tan agresivos que nada de lo que haga la persona puede lograr que la situación cambie. En estas situaciones, no es que el paciente pierda ninguna batalla, es que no puede luchar y la energía que le queda es limitada y valiosa. Por eso es importante que se le brinde la oportunidad de pasar los últimos meses, semanas, días u horas de su vida, procesando su situación y despidiéndose, en lugar de sufrir tratando de cambiar algo que no está en sus manos.

Cobarde es el que se deja llevar por el miedo. Rendirse, en este contexto, es un acto de sabios. Denota inteligencia sopesar la situación, aceptarla y saber retirarse a tiempo, entendiendo que la realidad es la que es, independientemente de cómo queramos que sea.

Cuando la muerte es inminente y no se puede frenar el proceso —del mismo modo que nadie puede interrumpir a una mujer que se ha puesto de parto—, el dejar de resistirse es un acto de inteligencia emocional, porque significa elegir lo que sabemos que es mejor para nosotros. Rendirse en estos casos exige la valentía de enfrentarse a la realidad.

En la religión chamánica la resistencia es sinónimo de sufrimiento. Cuando el chamán dirige la ceremonia de la ayahuasca —la planta medicinal que se bebe y que sume durante horas en un profundo estado alucinógeno—, sabe que aquellos que ponen resistencia a dejarse llevar por sus efectos, perdiendo así el control sobre sí mismos, son los que van a sufrir más. El «viaje» durará entre 5 y 8 horas y puede que, en lugar de ser placentero, se convierta en una auténtica pesadilla; eso dependerá de cada uno, del trabajo espiritual que se haya hecho previamente. Lo interesante es que una vez que comienza a tener efecto ya no puede detenerse. Por eso la mayor lección es aceptar la situación y dejar que la medicina muestre lo que se necesita para sanar. En buena parte de los casos, el aprendizaje es principalmente ese: no resistirse. Aprender a soltar y rendirse ante las fuerzas que son superiores a nosotros.

Si la persona que está muriendo vive sus últimos días con conciencia de que son los últimos, pudiendo despedirse y soltar poco a poco, la experiencia será más agradable tanto para sí mismo/a como para los que lo/a rodean. Del mismo modo, si el/la doula del final de la vida o cuidador/a acepta la situación en lugar de dejarse embargar por las emociones, podrá resultar de ayuda y aliviar las posibles tensiones u obstáculos que surjan durante el proceso. De lo contrario, aunque sus intenciones sean buenas, su presencia puede ser contraproducente.

Si lo llevamos al lenguaje cinematográfico podemos conectar con una película tailandesa llamada originalmente *Sud Pralad* y comercializada en Occidente como *Tropical Maladie —Enfermedad tropical—*, que termina con una de las escenas más sublimes de la historia del cine. El largometraje está escrito y dirigido por Apichatpong Weerasethakul y ganó el Premio del Jurado del Festival de Cannes en 2004, entre otros reconocimientos. La escena final aglutina en apenas unos minutos la sabiduría que se recoge en libros enteros. Verla es entender el despertar de la conciencia, por qué y cuándo ocurre, en qué consiste. El protagonista está en la jungla en plena noche, en las manos solo tiene una linterna y una pequeña navaja para defenderse, cuando vislumbra a un tigre enorme en lo alto de un árbol. La fiera lo ha descubierto y lo mira fijamente. La bestia y el hombre se miran, he aquí el ser humano confrontando su miedo, su final ante algo fuera de su control, fruto de la naturaleza más arbitraria y salvaje. Y se dice a sí mismo: «Y ahora aquí, me veo. Mi madre. Mi padre. El miedo. La tristeza. Todo era tan real que me devolvió a la vida. Una vez que he devorado tu alma, no somos ni animales ni humanos. Deja de respirar».

Cuando termina de decir estas palabras el tigre ha desaparecido en la maleza. Al confrontar el miedo, el conflicto se disuelve.

Del mismo modo, aceptar el final de la vida, ya sea el nuestro o el de las personas que nos rodean, es fundamental. La evolución implica aceptación.

La parte positiva de la incertidumbre es que legitima la esperanza, por eso quizá sea lo último que se pierde. Es lo único que nadie puede arrebatarnos. Como decía Leonard Cohen «todo tiene una grieta por la que entra la luz».

Hay diez veces más estrellas en el universo que granos de arena en la Tierra, unos diez sextillones de estrellas. Cierra los ojos e imagina. El universo está compuesto de un 73 por ciento de energía oscura, 23 por ciento de materia oscura y un 4 por ciento de átomos. Hay billones de galaxias, 88 constelaciones y nuestro planeta es solo uno de los ocho que componen el sistema solar. ¿Qué sabemos del cosmos? Lo que sabemos de la vida y la muerte. Apenas nada. El mejor consejo es vivir el presente y confiar en una inteligencia superior. El amor, que todo lo mueve, también es ilógico.

Vivir en plenitud

Que se muere como se vive es una frase que se repite continuamente y que escuchamos con regularidad, pero en cuyo significado se ahonda muy poco. Osho consideraba la muerte una gran reveladora.

Morir como uno ha vivido se refiere a la actitud que nos caracteriza. Por poner un ejemplo, aquellos que han sido valientes a lo largo de su vida morirán sin miedo. Los que han llevado una vida dedicada al placer físico sufrirán más en el proceso de morir al estar apegados a su cuerpo, que es una vivienda temporal. Aquellos que se identifican con su cuerpo, que creen que son un cuerpo, serán los que se angustien más pensando en su finitud, porque la única constante en la vida es el cambio. Todo aquello a lo que nos aferramos se convertirá en un obstáculo para nuestra evolución. Cuanto antes aceptemos que tendremos que separarnos de todo lo que amamos, más suavemente moriremos.

Morir como uno vive alude sobre todo al grado de plenitud con la vida. Porque si disfrutamos de cada minuto que estamos vivos con intensidad y placer; si nos dedicamos a trabajar en algo que nos motiva, que nos ayuda a desarrollarnos y que nos llena de satisfacción; si nos reímos a diario; si tenemos relaciones interpersonales sanas y nos lo pasamos bien frecuentemente en compañía de personas a las que queremos; si no tenemos asuntos pendientes, si estamos en paz con nuestro pasado, si tomamos decisiones de acuerdo a nuestros sueños y si somos capaces de quedarnos con la parte positiva de cada día y agradecerla, cuando la muerte venga a por nosotros es muy probable que podamos aceptarlo mejor. Porque, aunque la vida que nos colmaba se interrumpa, la habremos disfrutado con autenticidad y conciencia de que en algún momento tendría que acabarse.

¿Y cómo se puede vivir en plenitud? Dándole un sentido a nuestra existencia. Pero eso es algo único e intransferible, un misterio tan personal que nadie podrá revelárnoslo, ni terapeutas, ni tarotistas, ni astrólogos, ni médiums, ni gurús. Podemos pasarnos la vida preguntando externamente, buscando ayuda, pero como se nos ha dicho hasta el hastío, el sentido solo está dentro de nosotros y solo nosotros tenemos acceso a él. Entretanto, hay que vivir haciendo aquello que nos haga vibrar, con quien nos haga vibrar, donde vibremos. Toda desviación de nuestro camino nos producirá malestar y decepción con nosotros mismos y esa será la señal para constatar que no estamos desarrollando todo nuestro potencial. Por lo general, las personas que más rabia o tristeza sienten ante una muerte inminente son aquellas que llevaban una vida menos feliz, más incompleta, y que sienten que han perdido su oportunidad, que se van sin realmente haber disfrutado de su vida cuando podían.

En este sentido recuerdo con frecuencia una escena de la película *El club de la lucha* de David Fincher. En ella, Edward

Norton tira a un chico al suelo y lo apunta con una pistola en la nuca. «¿A qué te dedicas?», le interroga agresivamente, impaciente. El tipo balbucea que trabaja en un deli. «¿Es eso lo que te gusta hacer? ¿Qué te gustaría hacer?». Tras varios intentos el chico responde, desorientado, que le gustaría viajar. Entonces la situación se vuelve violenta. ¿Qué hace un tipo cuyo sueño es viajar trabajando en un deli? Si no deja inmediatamente ese trabajo lo matará. El tipo jura que dejará ese trabajo y se dedicará a lo que quiere y consigue escabullirse aún sudoroso, temblando.

En lugar de pasar la vida temiendo la muerte, la conclusión que podemos sacar y que va en consonancia con muchas corrientes del pensamiento —vivir el presente, atrevernos a hacer lo que queremos y no buscar tanto agradar a los demás, pasar más tiempo con la gente que nos importa...— es que la muerte no es tan importante si vivimos bien y que, por tanto, debemos hacer lo posible por llevar una vida que nos colme.

Aprender a morir bien no puede disociarse de aprender a vivir bien, son las dos caras de la misma moneda. Una buena vida conduce a una buena muerte, como quien después de un día de mucha actividad con amigos, conversaciones, experiencias y emociones positivas, se entrega alegre y dócilmente al sueño. En este sentido, la muerte se puede convertir en un gran cierre de fiesta, en una emocionante celebración final de todo lo que se ha disfrutado a lo largo de la existencia.

Una vez que se ha comprendido esto, la vida suele dar un vuelco; teniendo en cuenta que el tiempo es limitado y que debemos gozarlo, trabajar en algo que dé sentido a nuestra existencia

—que nos haga sentir útiles o que desarrolle nuestro potencial— se convierte en una prioridad. Cambian también los valores, las personas que nos rodean y las actividades que realizamos a diario.

Además, la parte positiva de saber que vamos a morir es que tenemos toda la vida, cada día, para prepararnos para ese momento. Cuando a mi abuelo paterno, ya mayor, le preguntaban: «¿Tienes miedo a la muerte?», él siempre respondía: «Ya no, ahora es mi amiga».

Recuerda que vas a morir

En el momento en que escribo este libro, la pandemia de la COVID-19 ha matado a más de 4 millones y medio de personas en todo el mundo y ha hecho patente que la muerte puede llegar en cualquier momento, independientemente de la edad que se tenga. Las personas mayores o con enfermedades subyacentes son más susceptibles que la población joven o sana, pero es posible que pueda ocurrirle a cualquiera. Esta conciencia de vulnerabilidad ha impactado en muchas personas que hasta entonces no se habían preocupado por la muerte, quizá porque pensaban que era un tema que podrían postergar —¿hasta la jubilación? ¿hasta que cumplieran ochenta años? ¿hasta que alguien a quien quisieran enfermara?—. Son muchos los que han empezado a tomarse realmente en serio la necesidad de instaurar hábitos saludables; que se han replanteado cómo, dónde y con quién quieren vivir —en lugar de dejarse llevar por la comodidad o la inercia— y que han empezado a manifestar públicamente lo que sienten en torno a la impermanencia.

La pandemia ha hecho que se tenga que hablar de la muerte.

Hablar de la muerte no ha de ser algo mórbido, lúgubre ni pesimista. De hecho, viviríamos en una sociedad mucho más sana si fuera común abordar la muerte en las conversaciones y cada uno pudiera intervenir compartiendo sus sueños, reflexiones y experiencias. Si se hablara de la muerte como del tiempo, habría cabida hasta para el sentido del humor. Superada la vergüenza y el temor inicial que supone exponer por primera vez la propia vulnerabilidad al hablar de un miedo tan profundo, la experiencia se volverá positiva. Se trata de un miedo colectivo, que nos humaniza y que, en lugar de alejarnos, nos acerca a los demás.

Hay que contribuir a sacar a la muerte del oscurantismo en el que ha estado inmersa para normalizarla.

La muerte no está vinculada exclusivamente a la vejez. Una de las razones por las que asusta tanto es porque la mayoría de las personas no tienen en cuenta los accidentes o la enfermedad que hacen que la muerte pueda ocurrir mucho antes de lo esperado. Es entonces cuando la muerte se recibe como un drama. Sin embargo, en distintas culturas, como la hinduista, el saber con antelación que la fecha de la muerte se aproxima es, más que un pesar, una bendición, porque permite que uno pueda prepararse.

En el momento en que uno nace ya está expuesto a la posibilidad de morir. Nadie está a salvo. Si uno tuviera presente que puede morir en cualquier momento, que cada día puede ser su último día, esto le impulsaría a vivir de una forma distinta, lo que impactaría también en quienes lo rodearan, dándoles conciencia de su finitud. Y si llegase la muerte antes de la vejez no resultaría tan sumamente doloroso, porque se habría disfrutado la vida con conciencia de que en cualquier momento puede terminar abruptamente.

El *memento mori* —recuerda que eres un hombre, y no un dios—, puede ser utilizado como el impulso vital que anime a disfrutar al máximo del presente: la pulsión de muerte se transforma en pulsión de vida. Lo que más nos incumbe es aprender a vivir lo mejor posible el tiempo que nos quede.

La idea de que pensar en la muerte hace al ser humano más feliz viene de antaño y está fuertemente arraigada en Oriente, donde se cree que tener conciencia sobre la mortalidad, en lugar de deprimir, contribuye a estar más centrado en el presente. Según un estudio realizado por la Universidad de Kentucky y la Universidad estatal de Florida, dirigido por C. Nathan DeWall y Roy F. Baumeister, aunque la muerte asuste, si nos forzamos a contemplarla, hay resortes instintivos que se activan de forma inmediata en el cerebro, en busca de pensamientos positivos. Es algo que ya aconsejaba Thoreau en *Walden*, su obra maestra, con esa clarividencia que lo caracterizaba:

> Debes vivir en el presente, lanzarte sobre cada ola, encontrar tu eternidad en cada momento. Los necios se quedan en su isla de oportunidades y miran hacia otra tierra. No hay otra tierra; no hay otra vida más que esta.[3]

---

[3] Henry David Thoreau, *Walden*, Errata Naturae, Madrid, 2013.

Pensar en la muerte conduce al *mindfulness* —tener conciencia, estar presente—, incentiva a que se aproveche mejor el tiempo, se establezcan los objetivos o experiencias que se quieren vivir y, en definitiva, se le dé una intención a la vida distinguiendo lo que verdaderamente importa de lo superfluo. Tener conciencia de que uno va a morir interfiere en la forma de reaccionar y actuar, ya que se contempla cada situación con perspectiva y nos prepara paulatinamente para que la llegada del momento final pueda vivirse con madurez, desde la aceptación de la naturaleza.

Hay muchos ejemplos en el mundo que corroboran que pensar en la muerte a diario tiene efectos positivos en los individuos y en la comunidad. Por ejemplo, los habitantes de Bután hacen cinco meditaciones diarias sobre la muerte y, en consecuencia, este pequeño país budista está considerado como uno de los lugares más felices del mundo. Bután es conocido por ser el único país con un índice de Felicidad Nacional Bruta (FNB) como indicador principal de desarrollo —en lugar del Producto Interior Bruto, PIB—: un índice que mide la calidad de vida estudiando el bienestar de sus habitantes. La evaluación se realiza mediante un cuestionario individual de 180 preguntas que consideran nueve variables: bienestar psicológico, uso del tiempo, vitalidad de la comunidad, cultura, salud, educación, diversidad medioambiental, nivel de vida y Gobierno. En el 2015 se hicieron públicos los últimos resultados del estudio mostrando que el 91,2 por ciento de la población se consideraba profundamente feliz.

Estas meditaciones budistas guiadas acerca de la muerte conducen a la persona a visualizar su deterioro físico: cómo el cuerpo se va debilitando, cómo los órganos se vuelven cada vez más inservibles y cómo gradualmente se desintegran en la naturaleza. Es un ejercicio de preparación para familiarizarse con la última etapa de la vida, integrando la muerte en el presente en lugar de rechazarla. Los budistas consideran que esta meditación sobre la impermanencia, llamada *maranasati*, es fundamental para trascender y que, de no practicarla, una vez el cuerpo sea inservible el alma seguirá confusa y agitada buscando otro cuerpo que ocupar, pudiendo, en plena desesperación, ocupar incluso el cuerpo de un animal. Sin embargo, consideran que aquellos que meditan de forma asidua tendrán la preparación suficiente como para disolverse en armonía con los cuatro elementos, liberándose.

La meditación es lo contrario de la búsqueda y la impaciencia. Hay una concepción errónea de que la meditación es relajación, cuando en realidad se trata de una visión profunda. Meditar consiste en estar en paz en la nada, con la nada; anular la mente, hasta desintegrarse en la nada. Ser la nada. Los budistas se ejercitan a diario; practican la fortaleza y evolución espiritual para no apartar la vista de aquello que pueda incomodarlos —comida podrida, la contemplación de un cadáver o una herida— con el fin de normalizar poco a poco el final de la vida y que, en lugar de ser un final abrupto, sea una culminación natural. Buda recomendaba a sus seguidores no solo que contemplaran cadáveres, sino que lo hicieran con detenimiento, fijándose en todos los detalles.

En la actualidad, la tecnología está jugando un papel clave para ayudar con esa visualización: la casa funeraria más grande de Beijing, Babaoshan, es pionera en un programa de realidad virtual que simula distintas escenas relacionadas con la muerte: un ataque de corazón con una reanimación respiratoria que fracasa y la consecuente entrada al más allá, que ha impactado a los usuarios. Estos viajes extrasensoriales no se limitan a ofrecerse en China, si no que, dada la demanda, se han propagado; en Estados Unidos la compañía de realidad virtual The Brain Factory, en colaboración con 3DLive, ha creado «Flatline: Experience the Other Side». Después de más de treinta años de investigación y 4.000 entrevistas han preparado 7 minutos de inmersión en experiencias cercanas a la muerte desarrolladas en diferentes escenarios. También existe una institución que lleva décadas vigente, The Monroe Institute, dedicada a la divulgación de la conciencia humana a partir de los estudios de Robert Monroe (1915-1995) acerca de las experiencias que tuvo fuera del cuerpo. Los cursos, presenciales y virtuales ofrecen la posibilidad de experimentar lo que podría ser la vida después de la muerte.

¿Quién quiere vivir para siempre?

Como seres racionales, lo que más tememos es el sinsentido existencial. Nuestra mortalidad tiene dos características frente a las que nos rebelamos y que nos provocan sufrimiento.

1. No sabemos cuándo vamos a morir —puede pasar en cualquier momento.
2. Es inevitable y universal —todos morimos.

Pero estos dos conceptos pueden ser fácilmente rebatidos.

Pese a que esta inevitabilidad es lo que más nos atemoriza, podría ser al mismo tiempo lo que nos diera más paz. La inmortalidad sería una utopía dramática. Lo expresa de forma excelente la película *Nosferatu*, del director alemán Werner Herzog, cuando el famoso vampiro interpretado por Klaus Kinski advierte: «Es más cruel no poder morir». Una vida inmortal suena a hastío y condena. Si fuéramos inmortales nada sería trascendente, ni los recuerdos ni los momentos, ya que lo que los hace únicos es su irrepetibilidad y su mágica posición en el tiempo. Viviendo eternamente, el concepto tiempo deja de importar: las decisiones dejan de ser importantes porque nada se vuelve irrevocable. Sabiendo que no morimos, nadie trabajaría, ya que comer no sería una necesidad, sino un placer, y el mundo se volvería aún más caótico si cabe. Por no hablar del aburrimiento, de la monotonía, del cansancio, del sentimiento de cautividad y de todas las consecuencias psicológicas que acarrearía. Al perder su significado, la vida perdería también su esencia. La inmortalidad podría incluso concebirse como un castigo más que como una bendición. La muerte nos da un sentido y un objetivo, ordena la vida estructurándola, obligando a priorizar, decidir y valorar cada instante.

Ahora bien, una vez se acepta nuestra condición mortal queda un malestar aún peor: la incertidumbre, que está muy ligada a la necesidad de controlar lo que nos sucede. La cultura oriental está más avanzada a este respecto con la idea de *surrender*, que en castellano se traduciría como «entrega» o «rendición». Estas palabras pueden sonar a fracaso para alguien que no ha trabajado bien el ego y aún cree que tiene algo que hacer frente a una naturaleza indómita y salvaje, por eso podremos conectar más con su significado si lo traducimos como «aceptación». La intranquilidad que produce la incertidumbre se soluciona aceptando que algo simplemente es de una determinada forma, que no puede cambiarse ni combatirse.

Si cada individuo supiera cuándo va a morir se crearía una compleja estructura social en la que quizá se daría prioridad por compasión a aquellos que tuvieran una muerte más inminente y el sentido de la justicia pasaría a depender de diversos factores. Habría también frustración y envidia por la disparidad en la longitud de la vida de unos y otros, y se generarían más brotes de depresión y ansiedad: muchos, en lugar de vivir, estarían preparándose para la muerte, y eso los inmovilizaría.

Solo en caso de enfermedad puede ser útil la predicción de muerte porque cabría utilizarlo para salvar vidas. Pero aun en estos casos sería peligroso saberlo porque condicionaría al paciente sugestionándolo, bien dándole esperanza o quitándosela.

Concluyendo, la mortalidad es preferible a la inmortalidad y, dado que debemos morir, es preferible no saber cuándo.

Repetir este ejercicio de razonar hasta llegar a la conclusión de que la mortalidad es preferible a la inmortalidad suele producir un gran alivio, ya que dentro de lo que no podemos cambiar, es lo preferible. Si hay algún atisbo de resistencia aún en nosotros, es por el miedo a lo desconocido. Pero el miedo se vence, como explicaba anteriormente, confiando y dejándose llevar.

La educación tanatológica

La pulsión de vida es fuerte y el miedo a la muerte también, por lo que el instinto de continuidad es potente e irracional en muchas personas, que tienen hijos por inercia, en un intento de perpetuarse o rebelarse ante su propio final. Lo responsable no es la postura radical de no reproducirse, sino reproducirse con conciencia, ayudando a la formación altruista de una vida que en ningún caso es una prolongación de la propia. En un mundo consciente, aquellos que desearan ser padres deberían ser capaces de explicar con naturalidad y alegría el ciclo vital a sus hijos, abordando el tema de la muerte de una forma abierta y honesta, sin eufemismos ni afirmaciones rotundas.

La madre alumbra. Y al dar la vida, es la persona más capacitada para explicar que la vida se acabará, que es un viaje que dura un tiempo incierto y que por eso debemos disfrutarlo y agradecerlo mientras dure. Ser el canal por el que otra persona llega al mundo convierte a la madre, junto al padre, en la persona que más puede ayudarnos a entender la muerte desde una postura tranquilizadora. En el proceso de morir, muchas personas llaman a su madre. No solo representa su raíz, sino la forma que tienen de entender la existencia y el amor incondicional que perdona todo y ama siempre. Cuando la vida se les acaba necesitan ese amparo maternal. La madre sabe que la vida, pese a su finitud y el sufrimiento que implica, merece la pena. Puede que no pueda explicarlo de una forma articulada, pero lo sabe, está interiorizado en su subconsciente.

Cuando los padres puedan explicar con naturalidad qué es la muerte, permitiendo que los niños hagan todo tipo de preguntas, sin temor a decir «no lo sé» como respuesta, la forma de ver la vida de las nuevas generaciones será más sana. Se compartirá abiertamente el desconcierto, y este aperturismo a la hora de hablar de lo que nos perturba disipará muchas depresiones, incentivadas por la represión y el autojuicio de quien se siente incomprendido y abandonado.

Tradicionalmente a los niños se les oculta la información para protegerlos, pensando que no pueden gestionarla. Sin embargo, son capaces de comprender mucho más de lo que se cree. Tienen una sabiduría innata y pueden procesar aspectos complejos incluso mejor que un adulto. Cuando se aprenden e interiorizan las reglas desde el principio, se es también mucho más proclive a aceptarlas. Es común rebelarse ante imprevistos, pero si uno está avisado de antemano, incluso con muchísima antelación, hay menos margen para el enfado o la indignación. Si además se interioriza que uno no solo muere de forma natural en la tercera edad, sino que puede sobrevenir una enfermedad y que también entran en la ecuación los accidentes, el tiempo que se viva será con conciencia, disfrutando de estar vivo —y sano—, agradeciéndolo, y disfrutando de todas las personas queridas que sigan vivas.

De la misma forma que los niños estudian literatura o matemáticas, sería interesante que se incorporara al currículum escolar una asignatura para procesar la muerte como final del ciclo de la vida. Dado que todo ser vivo, por joven que sea, es susceptible de morir, es fundamental que se vaya construyendo una educación de la muerte que empiece en la infancia y que pueda lentamente cambiar la forma en la que la sociedad afronta la impermanencia. De esta manera, las nuevas generaciones la vivirían con más naturalidad y menos dramatismo.

Pero no solo las instituciones educativas deberían disponer de herramientas para que los niños supieran cómo enfrentarse a la muerte, también deberían proporcionar apoyo especializado —formación específica de los profesores— para que, en el caso de que se dieran situaciones excepcionales y abrumadoras, se establecieran protocolos de emergencia con el propósito de ayudar a los niños a lidiar con la inestabilidad y el desconcierto.

Se empieza a trabajar en la educación sobre la muerte a través de distintas disciplinas, pero a un ritmo muy lento. La forma en que produce un mayor impacto es a través del audiovisual: documentales, cortometrajes, animaciones, películas. Demanda menos tiempo y es un formato más amable, asociado a lo lúdico. En 1997 fue nominado a un Oscar un cortometraje estonio de animación *When Life Departs —Cuando la vida se va—*, dirigido por Ando Tammik y Meelis Arulepp, que aborda la muerte desde los ojos de los niños. Al tratarse de una animación con tono infantil, el mensaje era menos crudo, menos impositivo. Con la nominación a los Oscar 2019 del cortometraje documental *End Game —Final de juego—* dirigido por los estadounidenses Rob Epstein y Jeffrey Friedman, se reconoce y visibiliza no solo la labor humanitaria del personal que trabaja en las unidades de cuidados paliativos, sino las situaciones a las que se enfrentan pacientes y familiares al final de la vida y su manera de abordar la muerte. Al verlo, es muy difícil no cuestionar las propias decisiones vitales o augurar el final personal de cada uno. En una de las escenas más impactantes de la filmación, los doctores explican a los familiares de una paciente, que estiman que la paciente puede morir en cuestión de días o semanas. La hermana de la paciente rompe a llorar y la madre de ambas, con una entereza admirable, la mira musitando: «¿Por qué lloras? Todos vamos a morir».

Ya no se trata de cintas marginales visibles solo en el circuito independiente. Cada vez son más las producciones documentales que abordan el tema y que pueden verse en plataformas digitales populares como Netflix, Hulu o Amazon Prime.

Pero, sin duda, uno de los mayores avances es la participación de las voces jóvenes. No hay transformación social posible sin visibilización, y los jóvenes son los agentes más poderosos de cambio. Cuando alguien joven se involucra en la difusión de la cultura y educación tanatológica hace patente que la muerte no es algo lúgubre que afecta a ancianos: todo ser humano muere sin excepción, incluidos reyes, líderes religiosos y presidentes. Por eso la refrescante aparición en escena de Caitlin Doughty fue acogida con entusiasmo. Doughty es una norteamericana que dirige su propia funeraria y se ha convertido en una de las activistas más conocidas contra el tabú de la muerte. Con tan solo veintiséis años, en 2011 se convirtió en una youtuber de éxito al lanzar la webserie *Ask a Mortician —Pregúntale a la directora de una funeraria—*, en la que cada capítulo, de unos cinco minutos de duración, tiene una media de 400.000 visitas. Doughty ha escrito un par de libros y ha formulado preguntas interesantes, la principal: ¿por qué se habla tanto del sexo positivo como nueva filosofía de vida, pero no de la muerte positiva? Esa ha sido precisamente la causa de que impulsara un nuevo movimiento con ese nombre, «La muerte positiva», que reivindica una educación sobre la muerte que permita hablar abiertamente de ella, rompiendo con el tabú y toda la preocupación silenciada que arrastra.

Doughty también forma parte de la Orden de la Buena Muerte, un colectivo de profesionales relacionados con las funerarias, artistas y académicos que trata de fomentar el diálogo honesto y abierto en torno a los miedos que provoca la muerte, aceptando que morir forma parte de un proceso natural, y que lo que no es natural es la ansiedad y el terror que nos impone la cultura moderna.

La educación tanatológica temprana normaliza la muerte como parte del ciclo de la vida. Los niños que reciben una educación tanatológica crecen con conciencia, se convierten en jóvenes con conciencia y en adultos con conciencia. El haber interiorizado no solo que van a morir, sino que son susceptibles de poder morir en cualquier momento, se convierte en un agente modificador de su conducta. No se trata de robarles la inocencia, sino de informarles para que no vivan en la ignorancia. Tienen derecho a saber.

De tabú a movimiento

En la cultura oriental la muerte se ha integrado en la vida desde tiempos ancestrales. Por ejemplo, desde hace siglos, en Japón se practica a modo de ritual la escritura de haikus antes de morir para entrar en contacto con la muerte y procesar mejor la transición que se avecina, observándola. Se conocen como «poemas de la muerte». Estos son algunos ejemplos:

Bueno, entonces,
sigamos el repique de campanas
en la orilla.
Hakurin[4]

Un sueño roto,
¿adónde van las mariposas?
Ichimu

Limpié el espejo
de mi corazón

---

4 *Japanese Death Poems*, Tuttle Publishing, Boston, Rutland, Vermont, Tokyo, 1998, pp. 183, 194 y 261.

— ahora refleja
la luna.
Resenki

El movimiento en la cultura occidental comienza con la pionera en cuidados paliativos Elisabeth Kübler-Ross (1926-2004). Esta psiquiatra suizo-estadounidense iluminó un camino que por entonces permanecía en la sombra. Puso el tema de la muerte en boga y ayudó a que la gente exteriorizara sus miedos reprimidos sobre su finitud. Además, difundió el concepto de los *hospices,* una palabra difícil de ser traducida al español porque el concepto no existe como tal en nuestro país. Los *hospices* se diferencian de los asilos y residencias de ancianos ya que son lugares en los que solo pueden ingresar las personas que van a morir de forma inminente, en torno a seis meses después de ser admitidas. A diferencia de un hospital, en un *hospice* ya no se trata de postergar una muerte que es cada vez más próxima, sino de conseguir que el moribundo muera de la forma más cómoda e indolora posible. Se consigue gracias a un programa basado en los cuidados paliativos y en un acompañamiento espiritual que cubre todas las necesidades emocionales que afloran en cada etapa. Es un acompañamiento holístico, físico y emocional. Los *hospices* son una especie de gran centro de cuidados paliativos, una morada final donde hospedarse durante los últimos días de la vida.

La labor de Kübler-Ross fue de comprometida activista y su trabajo tuvo una repercusión mundial que aún prevalece. No solo es autora de más de una veintena de libros de investigación, sino que también empezó a organizar una serie de revolucionarios talleres, «Vida, muerte y transición», que se popularizaron en la época. Consistían en retiros de varios días para concienciar sobre la muerte a los participantes y tenían lugar en distintas ciudades de Estados Unidos. Asistían en torno a 70 personas de entre dieciséis y ochenta y nueve años, sanos y enfermos, de distintas creencias y profesiones —profesores de yoga, enfermeras, trabajadores sociales, filósofos, poetas—. Su labor fue transgresora y sobresaliente: hizo historia. En 1969 la revista *Life* publicó un reportaje sobre sus seminarios, donde invitaba a enfermos terminales a ser entrevistados públicamente y le hacía preguntas que nadie antes se había atrevido a hacer, lo que la dio a conocer aún más. Durante los años que siguieron viajó por todo el mundo dando conferencias ante más de 15.000 personas por semana. Kübler-Ross también fundó en 1978 un centro, Shanti Nilaya —que se traduce del sánscrito como «Hogar final de la paz»— que se encuentra en Escondido, California, y su labor sigue extendiéndose mediante seminarios y talleres impartidos en la fundación bajo su nombre.

Pese a la calidad de los precedentes, no puede considerarse a Kübler-Ross como una continuadora del despertar sobre la muerte, sino más bien como un ente aislado que puso una semilla que germinaría a nivel global mucho más de una década después de su muerte. Más personas se abrieron paso por el mismo camino, entre ellas Frank Ostaseski, quien cofundó en 1987 el primer *hospice* budista en Estados Unidos, el Zen Hospice Project —en 2004 inauguró el Metta Institute, un centro también de tradición budista donde se imparten cursos para formar a profesionales especializados en el final de la vida.

A mediados de los años noventa irrumpieron los refrescantes Centros Maggie que cambiaron la estética de los hospitales apostando por la belleza y la innovación. Fue una idea que desarrolló la escritora Maggie Keswick Jencks a partir de un diagnóstico de cáncer de mama reincidente y que desarrolló apoyada por su marido, el arquitecto y crítico Charles Jencks. Se trata de una organización no gubernamental que proporciona información, apoyo emocional y recursos para aquellos que sufren cáncer; en palabras de la propia Maggie, «para que nadie pierda la alegría de vivir con el miedo a morir». Además de constituir una notoria y valiosa red de apoyo, la particularidad de estos centros —actualmente hay 22—, es que están diseñados por arquitectos reconocidos, entre los que se encuentran Norman Foster, Frank Gehry y Zaha Hadid, y que son edificios originales, luminosos e inspiradores, para levantar el ánimo cuando más se necesita. Aunque en su mayoría se encuentran en Reino Unido hay otros en Japón, Hong Kong e incluso en España —Kálida, en Barcelona—. Maggie demostró que el diseño y la arquitectura podían ser instrumentos sanadores al ser creadores de belleza, tan necesaria al final de la vida.

Si ahora nos trasladamos a la actualidad por fin podemos decir que el tabú de la muerte se está empezando a romper: se necesita hablar de ello, intercambiar experiencias, exteriorizar miedos y pensamientos. Se ha comprobado que, en lugar de asustar, hablar de la muerte produce alivio. Si durante décadas ha proliferado la cultura del entretenimiento, la distracción y las tertulias más banales, con énfasis en todo aquello que no hiciera pensar, ahora hay un acercamiento *in crescendo* hacia lo contrario: el enfrentamiento con madurez al fin de la existencia.

En 2004 un antropólogo y sociólogo suizo llamado Bernard Crettaz fue pionero en crear un espacio de comunicación abierta sobre la muerte; lo denominó Café Mortel. La idea no era crear un espacio físico fijo, sino un evento: una reunión itinerante donde los asistentes pudieran hablar libremente sobre la muerte sin ser tachados de oscuros, negativos o morbosos. Al primer Café Mortel, que consistió en un aperitivo seguido de una sesión de dos horas de conversación, asistieron 250 personas. Fue así como se descubrió que había un amplísimo público interesado en el tema, preparado para escuchar y ávido de una conversación honesta.

Tal éxito inspiró a un budista británico, Jon Underwood, a instaurar los Death Cafe; eventos puntuales que pueden organizarse en cualquier lugar y en los que, mientras se bebe café y té y se toman dulces, se invita a la gente a interactuar con desconocidos para intercambiar ideas y sensaciones sobre la muerte. Dieron comienzo en Londres en 2011 y pronto adquirieron fama mundial. Fue Underwood quien creó el código de conducta, especificando que cada evento ha de estar siempre guiado por un mediador voluntario; el primer Death Cafe estuvo dirigido por la madre de Underwood, la psicóloga Sue Barsky Reid. El objetivo principal de estos eventos que conectan a extraños para hablar de la mortalidad mientras se bebe té, es crear conciencia de la finitud de la vida, con el fin de poder aprovecharla al máximo, y son accesibles a todo el mundo; cualquiera puede instaurar un Death Cafe, y en España hay varios. La clave de su éxito está en crear una comunidad donde sentirse cómodo para hablar y mostrarse vulnerable, confiando en la compasión de los que escuchan y teniendo la tranquilidad de saber que no van a ser juzgados. Las historias, múltiples y variadas, abordan la muerte desde distintas perspectivas, como la desesperación e impotencia de un hombre que confesó desear la muerte de sus padres, enfermos de Alzheimer; o una mujer de cuarenta años con cáncer que expresaba su tristeza porque sus tres hijos la trataban como si ya estuviera muerta. En los Death Cafe conviven ateos con aquellos que creen en las regresiones y con los que se aferran a la idea de un destino dual cielo-infierno. La pluralidad de creencias es bienvenida ya que se comparte el mismo destino.

Underwood murió súbitamente de una hemorragia cerebral en 2017 —propiciada por una leucemia de la que no tenía conocimiento—, cuando solo tenía cuarenta y cuatro años. Pese a su corta existencia dejó un legado de un valor incalculable: el instaurar una franquicia social, la mayor comunidad mundial de discusión en torno a la muerte, un movimiento que se ha extendido a 78 países, en los cuales, a mediados de 2021, se contabilizan 12.565 Death Cafes celebrados hasta el momento.

En Bangkok se inauguró en el verano del 2018 el Kid Mai Cafe —que viene a significar «piensa de forma distinta»—, que invita a experimentar de otra forma la idea de la muerte. A diferencia de los Death Cafés, que son eventos no asociados a un lugar físico concreto, este es un lugar físico y permanente. Este nuevo modelo de negocio causó furor, no solo porque todas las bebidas de su menú tienen nombres tan originales como incómodamente atrevidos —«enfermedad», «último día», «envejeciendo»...—, sino también porque en el centro del establecimiento hay un ataúd al que los clientes del café pueden entrar y encerrarse en completa oscuridad —aquellos capaces de permanecer cinco minutos dentro tienen un 10 por ciento de descuento—. La idea es del budista Veeranut Rojanaprapa, que concibió el proyecto como una forma de trabajar el desapego, ya que cuando uno muere no lleva consigo nada y, sin embargo, vivimos con la firme convicción de que rodearnos de una mayor cantidad de objetos materiales significa llevar una vida superior, y consecuentemente cada vez se acumulan más cosas inútiles.

Lo mejor de este tipo de establecimientos, así como de las tertulias y de todo lo que trate de incrementar la conciencia de cada persona sobre su propia muerte, es que no se trabaja solo la evolución espiritual de cada individuo, sino que propicia el avance y la transformación de la sociedad entera, ya que aquellos que saben que van a morir son más propensos a hacer el bien.

Pese a que Asia es el continente tradicionalmente más elevado espiritualmente y con una cultura mortuoria mayor, Estados Unidos es uno de los países que más se ha movilizado para expandir la conciencia de muerte en los últimos años, y Nueva York ha liderado las iniciativas más transgresoras. En 2016 se creó el Art of Dying Institute —Instituto del Arte de Morir—, que organiza, entre otras actividades, conferencias y cursos de formación, tratando de ofrecer un entendimiento más holístico y compasivo del proceso de la muerte y las consecuencias de cómo hemos vivido.

También el mundo del arte se está involucrando en esta apertura. Ya en 2017 el MOMA dedicó su 19.º salón a abordar el tema de la muerte en la cultura y el arte contemporáneos, planteándose cuestiones como cuáles han sido los momentos críticos —culturales, científicos y políticos— que han cambiado el concepto de la muerte en la última generación; qué hemos aprendido de cómo otras culturas ven la muerte; si los diseñadores y arquitectos podrían mejorar la calidad del proceso de muerte —igual que en la actualidad diseñan una mejor vida—; y cómo los artistas y museos podrían contribuir a la conciencia de nuestra mortalidad.

La necesidad de abordar la muerte surge incluso en áreas como la arquitectura. En este sentido, Columbia University ha impulsado una de las iniciativas más transgresoras: el DeathLab, una investigación transdisciplinaria centrada en el diseño de infraestructura mortuoria. Está dirigida por la arquitecta y educadora Karla Maria Rothstein, con el objetivo de reflexionar acerca de cómo convivimos con la muerte en las grandes ciudades. Su equipo trabaja en varias propuestas en espacios urbanos, utilizando la arquitectura para remarcar tanto la existencia como la ausencia, propiciando una transformación sensible de la percepción que tenemos de la vida, integrando la muerte en nuestra rutina. Una de sus propuestas es el Constellation Park —parque de constelaciones—, un cementerio suspendido. El proyecto propone que miles de cápsulas funerarias —con los restos de las cremaciones— cuelguen del puente de Manhattan, iluminadas individualmente como si fueran estrellas, como alternativa a los cementerios tradicionales.

La muerte nos concierne a todos y diseminar el fenómeno a través de distintas perspectivas no solo enriquece nuestro conocimiento, sino que moviliza la participación de gente de todo tipo, por eso otra gran contribución hacia el aperturismo se dio en 2017 con el primer simposio organizado por la ONG End Well —Terminar Bien— fundada por la doctora y filántropa Shoshana Ungerleider. Este simposio tenía el propósito de generar un debate sobre la muerte a través de profesionales de distintas disciplinas, no solo líderes espirituales o personal médico, sino también tecnólogos, diseñadores, periodistas y artistas. Entre los temas que se abordaron se planteó también la posibilidad de que el sector de diseño y arquitectura se implicara para mejorar los escenarios relacionados con el final de la muerte, por ejemplo, hablar sobre cómo crear nuevos modelos de cuidado a través de las tecnologías emergentes o cómo el sistema político social puede contribuir a recordarnos nuestra mortalidad. Si las diversas profesiones se involucran en la cultura mortuoria, la muerte se irá integrando de una forma más armoniosa en la vida diaria, en lugar de ser un agente externo y atemorizante. En 2021 lanzaron otro proyecto, Take 10, presentado por la filántropa Soledad O'Brian.

También han surgido aplicaciones para teléfono móvil, como WeCroack, creada por Ian Thomas, un californiano de veintisiete años, y Hansa Bergwall, una publicista de treinta y cinco, con el fin de recordar al usuario que va a morir: a lo largo del día envían cinco citas que hacen alusión a la muerte.

Desde un punto de vista más funcional, en Estados Unidos se ha lanzado The Conversation Project —La conversación—. Se trata de una iniciativa impulsada en 2012 por la escritora y periodista americana Ellen Goodman, ganadora del Premio Pulitzer, a través de la cual se ofrecen kits orientativos en distintos idiomas, invitando a que la gente se cuestione cómo quiere abordar su propia muerte. Según una encuesta de la California HealthCare Foundation realizada en 2012, aunque el 90 por ciento de las personas admite la importancia de poder tener una conversación honesta con sus seres queridos sobre cómo abordar el final de su vida, solo el 27 por ciento de ellas la ha tenido y solo el 23 por ciento ha sido capaz de poner sus deseos por escrito.

The Conversation Project ofrece una encuesta en la que se puede responder a cuestiones de vital importancia cuando el paciente aún está en plena posesión de sus facultades mentales. El dejar estas respuestas por escrito al personal médico garantiza que el paciente sea tratado después como quería. Entre las cuestiones a responder está si en un momento de vulnerabilidad quiere dejar que el equipo médico tome sus propias decisiones; si durante un tratamiento quiere saberlo todo o solo lo imprescindible; si quiere morir en casa o en un hospital o si estaría dispuesto/a a recibir un tratamiento agresivo, entre otras preguntas fundamentales. Cuestiones sobre las que las personas sanas o jóvenes nunca han reflexionado, aunque hayan pasado fugazmente por su mente en alguna ocasión, lo cual resulta paradójico, porque es pasmosa la facilidad con la que el individuo olvida que puede morir en cualquier momento por causas no naturales. De hecho, en la actualidad, The Conversation Project está trabajando en la producción de un kit pediátrico para ayudar a los padres de niños gravemente enfermos a abordar la conversación con sus hijos. La diferencia entre este cuestionario y las voluntades anticipadas es simplemente el concepto: aquí se presenta como una conversación que se debe tener con los seres queridos en lugar de un formulario que se rellena a solas. Es una invitación al diálogo para intercambiar opiniones, sentimientos e ideas.

A este despertar de la cultura mortuoria se unió incluso un museo, The Morbid Anatomy Museum —el museo de anatomía mórbida— que inauguraron en el barrio neoyorquino de Brooklyn en 2014 Tracy Hurley Martin y su hermana gemela, Tonya Hurley. La iniciativa había surgido de un blog con el mismo nombre, creado en 2007. El museo no solo ofrecía una extensa colección de extravagantes objetos y libros relacionados con la taxidermia y la historia natural, sino que también servía como espacio de encuentro y plataforma para charlas poco convencionales como conferencias en torno a la criptozoología. Aunque consiguieron el estatus de organización sin ánimo de lucro, el museo tuvo que cerrar sus puertas dos años después: pese a la buena acogida de prensa y público, las fundadoras no pudieron conseguir financiación suficiente para cubrir los gastos mensuales. No obstante, no han fallado a su legión de seguidores; el blog sigue operativo y a través de él ofrecen diversas actividades, entre ellas *tours* para conocer el folklore y la cultura de la muerte en otros países.

Recientemente se han creado festivales de concienciación para romper con el tabú de la muerte. El más sonado de estas características ha sido Reimagine, un festival itinerante de una semana de duración que se inauguró en San Francisco en abril de 2018 para después desplazarse a Nueva York y Cleveland. La idea fue concebida por Brad Wolfe, fundador de una organización sin ánimo de lucro, Reimagine the End of Life —Reimagina el final de la vida—, que lanzó el proyecto mediante una convocatoria abierta para que cualquier persona pueda contribuir en la programación organizando un evento u ofreciendo un local para que una acción se lleve a cabo. Durante una semana, las calles de dichas ciudades se llenaron de eventos de la mañana a la noche, grupos de terapia, charlas, exhibiciones y proyecciones relacionadas con el final de la vida. Se contó incluso con la participación de figuras célebres, como el cineasta lituano Jonas Mekas (1922-2019), fundador de los míticos Anthology Film Archives de East Village. Mekas dio una charla «Trust your Angels» —confía en tus ángeles— tan solo tres meses antes de morir, a los noventa y cinco años. Con una locuacidad y una lucidez envidiables, habló de la necesidad de confiar en lo desconocido y dijo no tener miedo a la muerte: «Todo es un misterio y me encanta formar parte de él». Recuerdo que los asistentes al evento salimos sonriendo, casi levitando, después de aquella charla.

Este paulatino despertar de interés ha hecho que toda la industria mortuoria se renueve, modernizándose para adaptarse a las nuevas demandas. Los tanatorios han cambiado su forma de orquestar funerales; ahora no solo empiezan a proliferar los funerales laicos que homenajean al fallecido sin hacer alusiones religiosas, sino que cada vez son más los que tratan de ser respetuosos con el medio ambiente. La cremación, por ejemplo, ha sido muy cuestionada por las emisiones que produce al medio ambiente, por lo que han empezado a propagarse formas alternativas más sofisticadas, como la ultracongelación y la hidrólisis alcalina, que convierten los cuerpos en polvo compostable que puede servir de abono a las plantas.

En los denominados «funerales verdes» se utilizan sarcófagos biodegradables —ataúdes de cartón, bambú, o incluso papel reciclado—, o bien se prescinde de féretro; el difunto es envuelto en una sábana de algodón y es directamente sepultado en los llamados cementerios naturales, convirtiéndose en un fertilizante. Se considera la forma más orgánica que existe de que el ser humano vuelva a la tierra, fundiéndose con la naturaleza de la que forma parte. No solo evita contaminar el medio ambiente, sino que también es más barata y contribuye a la reforestación, ya que para señalizar el enterramiento se planta un árbol o arbusto. Además, se prescinde de elementos químicos para realizar el embalsamamiento; el cometido es que el cadáver se desintegre en la naturaleza siguiendo el precepto bíblico «polvo eres y en polvo te convertirás».

Los funerales verdes han tenido muy buena acogida en China. En Pekín los entierros ecológicos representaron un

44 por ciento del total en 2017. Debido a la falta de espacio, el país asiático ha tenido que encontrar no solo formas, sino también lugares de enterramiento alternativos a los tradicionales y se han popularizado los entierros marinos; en principio era algo que realizaban exclusivamente los marinos, pero en 2018 se inauguró el primer barco, *Guobin 9*, utilizado exclusivamente para entierros en el mar. En Estados Unidos también han empezado a popularizarse, y una de las formas preferidas es un enterramiento marino en el Neptune Memorial Reef, en Miami, donde se pueden arrojar las cenizas en el arrecife contribuyendo al desarrollo del ecosistema.

Hace una década, en España ya se hablaba de los entierros verdes como de un negocio en alza; hoy existen incluso cementerios ecológicos de mascotas. Las empresas se multiplican; se ha creado Funeco, una red de funerarias ecológicas que aspira a acabar con los residuos orgánicos y promover entierros asépticos y respetuosos con el medio ambiente. Proponen un nuevo modelo de cementerio, el ecológico, con forma de parque o jardín natural, donde en lugar de símbolos religiosos haya un árbol por cada fallecido —encontrando a la persona enterrada por geolocalización con ayuda de Google Maps—; una nueva forma de enterrar, con un ataúd biodegradable; y un funeral distinto, donde se celebre la vida de la persona fallecida recordándola mientras se pasea por el parque. Uno de los cementerios verdes de referencia es el del Parque de Roques Blanques, en El Papiol, Barcelona. Conocido como «El camino del bosque», es el mayor espacio natural de España para depositar cenizas, y actualmente cuenta con 180 urnas biodegradables y más de mil árboles. También allí se inauguró un jardín vertical modular con nichos verdes de especies aromáticas. Hay otras opciones originales como el cementerio de Las Pruelles, en Sitges, que desde 2017 tiene «el jardín de las amapolas», formado por urnas biodegradables señalizadas por una amapola de porcelana con el nombre de la persona fallecida.

¿Quién sabe? Quizá pronto se empiece a comercializar la invención de la artista multidisciplinar estadounidense Jae Rhim Lee: un traje creado a base de hongos y materiales naturales que se comerían al cadáver en descomposición. De esta manera se reemplazaría de una forma sostenible al ataúd tradicional. Lo importante es que, poco a poco, se está rompiendo el tabú y se están llevando a cabo iniciativas cada vez más creativas y transgresoras.

En los últimos años han comenzado a extenderse los homenajes a personas que van a morir, pero que aún están vivas, de forma que puedan saber la repercusión que tuvieron en otras personas y despedirse con conciencia. Este tipo de eventos se hicieron notorios en la década de 1990 en Estados Unidos y en algunos países de Asia —donde se denominan *seizensō*— al ser protagonizados por celebridades y retransmitidos en televisión, con tintes de fantasía narcisista y voyerista. Sin embargo, la industria mortuoria se toma los funerales para vivos muy en serio, incluso los plantean adecuados para personas que van a morir de forma inminente, ya que confieren la oportunidad de poder despedirse de los seres queridos.

En el premiado documental *Descansa en paz, Dick Johnson*, su directora, Kirsten Johnson, no solo imagina las posibles muertes de su padre, un expsiquiatra enfermo de Alzheimer —con la complicidad de él para recrearlas—, sino que le organiza además un funeral al que él mismo asiste y en el que familiares, amigos y pacientes comparten los mejores recuerdos que han disfrutado a su lado. Una dulce despedida. Otra representación de estos ritos prefunerarios —en los que no faltan las imprescindibles y saludables dosis de humor negro— es la procesión de ataúdes que se celebra en Santa Marta de Ribarteme, en Pontevedra. Cada año, aquellos que sufren o que superaron una enfermedad grave desfilan en romería metidos en un féretro en agradecimiento a su patrona por seguir con vida. Y en Corea del Sur, meterse en un ataúd también ha empezado a ser popular, ya que consideran que meditar sobre la muerte hace que se viva con más plenitud. Es una de las actividades que ofrece el Hyowon Healing Center, inaugurado en 2012 en Seúl y en el que los participantes pueden escribir su testamento, su epitafio o asistir a su propio funeral. Pero no hace falta irse muy lejos o hacer algo rocambolesco para recordar que nos vamos a morir; los cumpleaños también cumplen esa función, pues no solo nos recuerdan el paso del tiempo, sino que nos impulsan a celebrar que seguimos existiendo. Michael Hebb, autor del libro *Let's Talk about Death over Dinner* (Hablemos de la muerte durante la cena), celebró su cuarenta cumpleaños emulando y presenciando su propio funeral. A lo largo de tres horas, cuarenta amigos y familiares compartieron lo que Hebb significaba para ellos. En una entrevista el protagonista comentaba que las críticas fueron estupendas porque podía salir de su tumba y ocuparse de resolver los problemas que tenía pendientes, pero que, paradójicamente, los comentarios positivos le resultaron muy incómodos.

En cualquier caso, el *memento mori* es necesario porque nos insta a disfrutar de la vida con conciencia de nuestra impermanencia.

Hablemos de la muerte.

La enfermedad como maestra

La vida es larga y nos ofrece muchas oportunidades para prepararnos para la muerte. El proceso natural es la vejez, ya que, en términos generales, después de la jubilación los individuos se van conduciendo hacia una rutina más plácida, disponiendo del tiempo, la libertad y la soledad suficiente para recordar, reflexionar, entender y ordenar sus emociones con sosiego, hasta que las experiencias de toda una vida encajan. Muchos incluso consideran este tiempo de ocio y reflexión excesivo, sintiéndose preparados —y hasta aburridos— para la transición, que esperan con cierta impaciencia. «Un día menos», he escuchado muchas veces decir con desidia a las vecinas mayores de mi pueblo a modo de «buenas noches».

Pero a lo largo de la vida también contamos con otros grandes maestros que nos recuerdan nuestra impermanencia, como los accidentes o la enfermedad.

Siempre he sentido una especial conexión con aquellos que habían sufrido. Eso no quiere decir que quienes sufren tienen una energía pesada o una tendencia a la depresión —la mayoría de las veces ocurre precisamente lo contrario—. Lo que quiero destacar es que la gente que ha sufrido es la más sabia y, también, la más fuerte. Tienden a escuchar antes de emitir un juicio, huyen de las comparaciones y del dramatismo —bastante han padecido ya como para querer regodearse en ello—, son personas consideradas y, sobre todo, le dan a cada suceso su debida importancia. Muchas de ellas utilizan con frecuencia el sentido del humor: son capaces de transformar la energía de un evento trágico en algo que hace gracia.

A lo largo de mi vida, especialmente en Nueva York, he conocido a mucha gente frívola y adinerada, a las que el haber vivido siempre en una posición económica privilegiada les había privado de perspectiva. Eran narcisistas —por ejemplo, apenas hacían preguntas o escuchaban—, tenían reacciones desmedidas ante aquello que no les gustaba y carecían de verdadera empatía —como personas inteligentes sabían cómo reaccionar y comportarse en cada situación, pero no parecían sentir de forma honesta lo que expresaban con palabras—. Tenían lo que en Estados Unidos se denomina *champagne problems* —problemas asociados al champán—, es decir, problemas que solo los ricos consideran problemas. Muchas de estas personas quizá pasen por la vida de puntillas, sin sentir el vasto espectro de emociones a un nivel profundo y real, pero otras en algún momento tendrán que enfrentarse a un evento que zarandee su *statu quo*, sus valores, opiniones y, en definitiva, el mundo que han construido. Entonces experimentan la humildad. A veces sucede a raíz de la pérdida de un ser querido, otras un accidente, o muchas la enfermedad. Es a través de lo que es considerado una tragedia que se producen las transformaciones más completas y radicales, para mejor. No solo nos dan perspectiva y nos ayudan a evolucionar a un nivel personal, sino que nos abren y conectan a los demás, convirtiéndonos en mejores personas. Todos, ricos y pobres, sin excepción, somos mortales.

Hace algunos años, durante un panchakarma en la India conocí a una mujer de mi edad que viajaba también sola. Convivimos durante un mes en un centro ayurvédico en la selva tropical de Kerala, lo que dio pie a que conociera de forma íntima a varias mujeres, con las que comía, cenaba, paseaba y contemplaba cada atardecer, al más puro estilo *La montaña mágica* que narrara Thomas Mann. Esta mujer, que se convirtió en amiga, sufría de esclerosis múltiple desde los treinta años y, diez años después, renqueaba y ya no podía correr. Hasta que se manifestó la enfermedad había llevado lo que se concibe como una vida convencional perfecta: un marido que la amaba, un trabajo de ingeniera por el que era reconocida, dinero, una casa en propiedad y una vida social activa, que, sin embargo, no la hacía sentirse plena. El diagnóstico dio un vuelco a su existencia. Rechazó la ayuda paternalista que le brindaban su familia y su pareja, porque consideró que le restaba poder, y en su trabajo pidió un traslado a un sitio exótico y lejano: Dubái. Se trasladó allí y empezó una nueva vida, viajando por todo el mundo sola. «Siempre le estaré agradecida a la esclerosis múltiple por ayudarme a dar el paso de romper con una vida que no me hacía feliz y atreverme a ser quien soy», me enfatizó en una ocasión.

Otro buen ejemplo es *Phantom Thread —El hilo invisible—*, la cinta de Paul Thomas Anderson nominada al Oscar a la mejor película en 2018. En ella el protagonista, interpretado por un sensacional Danny Day-Lewis, es envenenado periódicamente por su pareja a modo de estrategia, porque eso lo convierte en mejor persona. Puede ser un argumento rocambolesco, pero la debilidad que le ocasiona la intoxicación suaviza su carácter iracundo y déspota, volviéndolo agradecido, humilde y tolerante una vez que se hace patente su vulnerabilidad.

La enfermedad es una maestra porque humaniza: aumenta la humildad, impulsa a aferrarse a la vida, contribuye a que se quiera vivir más y mejor.

La enfermedad es siempre un recordatorio de la fragilidad, y la perspectiva cambia por completo cuando se está convaleciente. La debilidad vuelve a la persona más selectiva, ayudándola a determinar quién y qué importa, con quién le apetece realmente estar. Es un filtro eficaz para reducir todo a la esencia. Mediante la enfermedad la vida a veces obliga a poner a prueba tanto a las personas que se tienen alrededor como la forma de vida que se ha elegido.

Yo lo he experimentado personalmente en varias ocasiones. Una de las pruebas más difíciles a las que me he enfrentado tuvo lugar a los veintiséis años, cuando acababa de llegar a

Estados Unidos para empezar a trabajar en un puesto de gestora cultural que por entonces era el trabajo de mis sueños. Dos semanas después de llegar a Miami, en una visita rutinaria, me diagnosticaron una displasia severa avanzada, que requería una intervención inmediata con anestesia general. Tardé mucho en procesarlo, me dieron la noticia por teléfono, mediante un mensaje en el contestador automático que escuché repetidas veces. Aunque mis seres queridos me recomendaban regresar a España para la operación, sabía que si regresaba volvería convertida en una víctima y que mi *momentum* se interrumpiría. Tras meditarlo, decidí operarme en Estados Unidos lo antes posible y continuar con mi vida minimizando aquel episodio. Pero no podía pasar página tan rápido como me hubiera gustado. Durante los años que siguieron tuve que realizar revisiones cada seis meses, así que pasé buena parte de mi juventud lidiando con la sombra de una de las enfermedades más temidas.

Creo, sin embargo, que una vez que pasó el susto inicial mi vida tendía a querer ser la de siempre. Quizá fue esa la razón por la que la experiencia volvió a repetirse de forma más grave. Dos años después de aquel diagnóstico, cuando ya vivía en Nueva York, la lesión volvió a producirse y de una manera aún más agresiva que en la primera ocasión. Esta vez se trataba de un carcinoma *in situ*. Si la primera vez había sido un drama, esta segunda vez apenas nadie supo que me sometí a otra cirugía. A partir de aquella segunda incisión, más profunda, más canalla, incorporé el *memento mori* a mi día a día y esa conciencia omnipresente cambió radicalmente mi forma de relacionarme y mi toma de decisiones.

Aun así, no debí de tenerlo suficientemente interiorizado porque la experiencia volvió a repetirse una tercera vez un par de años después de la segunda operación. ¿Estaba llevando una vida saludable? ¿Plena? ¿Vivía como si pudiera morir en cualquier momento? Era evidente que no se me permitía bajar la guardia, la transformación de las células sanas en malignas se producía a una velocidad pasmosa. Aprendí que la vida va en serio, muy deprisa, que la impermanencia es real, que somos frágiles —una mala decisión y nos rompemos— y que se nos hacen muy pocas concesiones. Esa tercera vez fui menos indulgente, opté por una vía más drástica verdaderamente en sintonía con lo que sentía que quería hacer. Renuncié a mi trabajo en Nueva York pese a que me había costado muchos años adquirir cierta estabilidad laboral, abandoné mi piso, puse todas mis pertenencias en un trastero y me fui a recorrer Asia durante seis meses. Pasé medio año alrededor de Laos, China, Tailandia, India y Vietnam y realicé tratamientos de medicina china y ayurveda. Cuando regresé y tuve que hacerme una biopsia para evaluar la evolución de la lesión, las células cancerígenas habían desaparecido.

Estaré eternamente agradecida a haber vivido una experiencia tan temprana con la dicotomía vida-muerte, porque no solo me despertó a la vida, sino que desde entonces permanezco muy atenta, alerta a todo lo que sucede fuera y dentro de mí. Presente.

El propósito de este libro es ayudar a aquellas personas que acompañan a alguien a morir, ya que a lo largo de nuestra vida casi todos nosotros viviremos de cerca la muerte de alguien. Acompañar a alguien en su momento final es uno de los mayores actos de altruismo y compasión, así como la oportunidad de prepararse para la propia muerte. No obstante, se trata de un acompañamiento que requiere de solidez y fortaleza interior. Aunque el acompañante no hable ni haga nada más que acompañar, ya está haciendo algo de un valor incalculable, y su mera presencia ya está sirviendo de sostén y armonizador de la energía que hay en la habitación donde alguien está muriendo.

Mucho se ha escrito sobre la necesidad de cuidados del cuidador. Hay ejemplos en todas partes, pero uno que me gusta mencionar es el del avión en caso de turbulencias graves y pérdida de oxígeno: aquellos que viajan con niños deben ponerse siempre la mascarilla antes de ponérsela a los menores. Para poder cuidar o ayudar al otro hay que estar primero bien con uno mismo.

En el caso de una doula del final de la vida o, lo que es lo mismo, de acompañar a alguien que está muriendo, es fundamental estar en paz con la muerte. Es la única forma de que las emociones que afloran durante el proceso —tristeza, frustración, impotencia— no desestabilicen. Hay que ser un faro en medio de la tormenta sabiendo que lo que le está sucediendo al otro nos ocurrirá también a nosotros.

La muerte es importante en la medida en que nos recuerda el valor de la vida y cómo gozarla en plenitud. En una ocasión conocí a un hombre de treinta y siete años que hablaba como una persona anciana. Me contaba que llevaba quince años en una relación de pareja, que los primeros tres no había estado enamorado y que le había costado volcarse en la relación —porque a él le motivaban otras cosas—, pero que lo había conseguido finalmente y que era la mujer de su vida. Hablaba de la vida apacible que llevaban, sin hijos, haciendo excursiones semanales y viendo a amigos aquí y allá. Una vida cómoda, fácil, agradable. Sin embargo, no me miraba a los ojos mientras me lo contaba y había un halo derrotista en su relato; un tono de tristeza, pese a que parecía esforzarse por autoconvencerse de algo que no estaba en consonancia con él. Incluso mencionó a otra mujer, con la que viviría sin duda de no estar con su actual pareja, y le brillaron súbitamente los ojos al nombrarla. La suya no es, ni mucho menos, una vida dramática cargada de sufrimiento, pero me pregunto qué prevalecerá en su lecho de muerte. ¿Se sentirá pleno? ¿Lamentará no haber elegido la persona y la vida que le hacían vibrar? ¿Sentirá que ha desarrollado todo su potencial? Solo él lo sabrá, pero aquella conversación desató mis alarmas y me obligó a volver a estar atenta. Al final, ¿nos preguntaremos si podríamos haber amado más? ¿O estaremos satisfechos con las decisiones que hemos ido tomando a lo largo de la vida?

Creo que puedes adelantar mucho si te lo preguntas ahora. Si murieras en este instante, ¿estarías orgulloso/a de la vida que has elegido? ¿Por qué vives?

Para mí, una de las claves es dotar a la vida de un propósito. Lo explicaba muy bien el neurólogo y psiquiatra Victor Frankl en su célebre *El hombre en busca de sentido*, donde narraba las terribles torturas a las que fue sometido durante los años que pasó en un campo de concentración. Frankl identificó tres dimensiones de experiencia: la física, la mental y la espiritual, pero para él era la fortaleza espiritual la que determinaba quién sobrevivía en circunstancias tan adversas. Es la espiritualidad —y no la mente— la que puede darle un sentido a la vida y, según Frankl, lo que nos hace más libres, porque, aunque no podemos decidir qué nos ocurre, sí podemos elegir cómo reaccionamos ante eso, cuál es nuestra actitud.

Sabiendo esto y aplicándolo, podemos determinar de antemano cuál es el sentido de nuestra vida para mantener la motivación. Esto nos servirá de timón y nos ayudará a reconducir nuestras reacciones para conseguir ese propósito. Personalmente, creo que las relaciones con los demás, la conexión los unos con los otros y, en definitiva, el amor que siento y comparto son lo que da sentido a mi existencia.

Hay vidas muy activas, llenas de eventos sociales y entretenimientos idílicos o divertidos que, sin embargo, están huecas porque no se las ha dotado de un sentido o porque son meramente superficiales, una larga distracción. Al dotar a nuestra vida de un sentido, estamos construyendo también una historia. Como apunta el cirujano Atul Gawande:

> Al final, las personas no contemplan su vida como un mero promedio de todos sus momentos (...). Para los seres humanos, la vida tiene

significado porque es una historia. Una historia tiene un sentido conjunto y su arco viene determinado por los momentos significativos, los momentos en los que ocurre algo. (...) Una vida aparentemente feliz puede estar vacía. Una vida aparentemente difícil puede estar dedicada a una gran causa».[5]

Lo ideal es llegar al final de la vida con la conciencia tranquila, no solo habiendo solucionado conflictos del pasado, sino estando en paz con los posibles remordimientos por no haber hecho lo suficiente. ¿Y qué es lo suficiente? Lo que podíamos y queríamos hacer. La paz la da el haber desarrollado todo nuestro potencial.

Luego queda la aceptación. Un ejercicio sencillo para trabajarla consiste en observar cómo se desvanecen las pompas de jabón en el aire. Podría parecer un juego de niños, pero es una meditación profunda que personalmente me resulta muy útil. Sobre todo, cuando el jabón se acaba y el espectáculo termina.

[5] Atul Gawade, *Ser mortal*, Galaxia Gutemberg, Barcelona, 2015, p. 110.

2

EL ACOMPAÑAMIENTO

¿Qué es una *death doula* o doula del final de la vida?

Como comentaba anteriormente, la muerte se parece en mucho al nacimiento. Por eso, antes de explicar lo que es una doula del final de la vida, es importante introducir un término mucho más conocido: la doula.

Una doula es una persona que asiste a la gestante, principalmente proporcionando apoyo emocional durante los nueve meses de embarazo, el parto y el puerperio, con el fin de suavizar el estrés que propicia una transición física y psicológica tan radical. Las doulas no tienen una formación reglada relacionada con medicina o enfermería, no forman parte del personal médico y, sin embargo, para muchas embarazadas son una pieza fundamental del proceso de gestación y alumbramiento. Ayudan con la respiración, aconsejan y generan un espacio seguro y armónico donde la embarazada se siente protegida, cuidada y relajada, lo que, sin duda, contribuye a que el alumbramiento sea más fácil. La figura de la doula surgió en los años sesenta como parte del movimiento que propiciaba el parto natural sin epidural y, debido al constante activismo defendiendo nuevas formas de abordar el embarazo, el término fue aceptado oficialmente en el *Diccionario Oxford* en 2003 y en el *Merriam Webster* en 2004.

Con el tiempo, el concepto comenzó a ampliarse y en torno al año 2000 surgió su contrapartida, *death doula* o doula del final de la vida, un término que se acuñó en los países anglosajones para referirse a las personas que acompañan a alguien a morir. En inglés, el género no va explícito en la palabra ni en el artículo y en español podríamos decir tanto el *death doula* como la *death doula*, pero yo optaré por aludir al individuo que acompañe a alguien que está muriendo siempre en femenino.

Una doula del final de la vida tampoco forma parte del personal médico, pero para acompañar a pacientes en un hospital se necesita tener conocimientos sobre cuidados paliativos, inteligencia emocional y una formación clínica y espiritual con el fin de poder ayudar mejor a quienes están transitando un momento de máxima vulnerabilidad. El objetivo de la doula del final de la vida es ayudar de una forma holística, no solo al enfermo que está muriendo, sino también a sus familiares. Es una labor casi desconocida, pero fundamental si tenemos en cuenta la gran cantidad de personas que mueren solas o rodeadas de familiares tan afectados por la inminente pérdida que son incapaces de servir de apoyo o guía a quien se encuentra en esa transición final.

El glosario de términos relacionados con el proceso de morir está formado por una terminología muy reciente. Una enfermera británica, Cicely Saunders, empezó a aplicar «cuidados paliativos» por primera vez en 1967, en el londinense St. Christopher's Hospice. Para el término *death doula* todavía no hay un consenso, por lo que es susceptible de ser cambiado. En Grecia la palabra *doula* tiene connotaciones negativas porque significa esclava, por lo que *death doula* significa «esclava de la muerte», pero de momento no se ha dado con otro nombre.

Vocación de ayudar

Cada vez son más las personas interesadas en acompañar a alguien durante su proceso de muerte, lo que significa que el amor vence al miedo. Muchos se sorprenden de que a alguien le pueda apetecer dedicarse profesionalmente a ello o que dedique su tiempo libre a estar al lado de un moribundo. Llegan a preguntarse, intrigados, si se trata de morbo o curiosidad. Pero ser doula del final de la vida no implica una elección racional. Es algo vocacional, que se siente de forma intrínseca. En términos espirituales es frecuente escuchar en el gremio que se ha recibido «la llamada», como suele ocurrir en el chamanismo. Cuando sucede, la persona no sabe con claridad por qué lo hace, pero tiene la convicción de que ha de hacerlo. Es entonces cuando busca una formación, pero ya cuenta con una clara intención de ayudar en este ámbito.

El problema surge cuando se ha decidido que se quiere ser doula del final de la vida, pero no se sabe cómo empezar, ni cómo formarse ni adónde acudir para ayudar. En nuestro país cada vez hay más organizaciones dedicadas a ayudar en el final de la vida, pero su labor se difunde principalmente mediante Internet y son muchos los que no tienen acceso a información digital en su día a día. A mediados de 2017 publiqué en *El País Semanal* «Un abrazo antes de morir», un artículo donde contaba mi experiencia como *death doula* voluntaria en Nueva York, que despertó un interés inusitado. Aunque fueron muchas las personas que se familiarizaron con el concepto por primera vez, lo sorprendente fue la cantidad de interesados en colaborar. Esto sirve de barómetro social no solo para entender que cada vez son más los que tienen vocación de ayudar, sino para comprobar que cada vez más gente quiere enfrentarse a la muerte.

Uno puede acercarse al concepto de doula del final de la vida por tres motivos:

1. Para ayudar a otros formando parte de un programa de voluntariado en las unidades de cuidados paliativos de hospitales.
2. Para dedicarse a ello de forma profesional.
3. Como preparación espiritual, con el fin de ayudar a sus más allegados.

En cualquiera de los casos se trata de un servicio vocacional, innato, que tiene que salir del corazón. Por la delicadeza de sus características sería terriblemente inmoral ejercerlo de un modo oportunista. Formarse como doula del final de la vida y aprender más del proceso de la muerte y de uno mismo es recomendable independientemente de si se piensa en ejercer.

La doula del final de la vida es una figura compasiva que no busca ni necesita reconocimiento. Su vocación es ayudar, por eso las instituciones sanitarias ofrecen formaciones gratuitas y la mayoría de doulas del final de la vida actuales ejercen de forma voluntaria.

No obstante, ya ha empezado a aflorar un incipiente mercado lucrativo que ofrece cursos formativos y certificados, por lo que se prevé que en unos años se creen estudios académicos formalizados como parte de un programa de cuidado paliativo. En este sentido, la de doula del final de la vida puede convertirse en una de las profesiones más potentes de un futuro cercano.

En la actualidad no se requiere de ninguna titulación o certificado para ejercer como *death doula*, pero hay que estar capacitado para hacerlo o la ayuda podría ser contraproducente para la persona que está en el proceso de morir. Por ejemplo, si el voluntario dijera algo inapropiado al moribundo, que se encuentra en un estado de indefensión y vulnerabilidad, podría influir negativamente en la forma en que está muriendo.

También pueden darse casos en los que una persona, pese a haberse formado adecuadamente, se sienta abrumada por la situación en el momento de ejercer y no pueda seguir adelante. Es algo común. Pese a que las intenciones y la predisposición sean siempre las mejores, el paso de la teoría a la práctica implica adentrarse en un ambiente que puede resultar desestabilizante. Uno suele hacerse idea de cómo se va a desenvolver en la situación e incluso ilusionarse pensando que su presencia va a resultar de gran ayuda. Pero una vez en el hospital o en la casa del moribundo, la realidad se impone y se tienen que confrontar aspectos que, aunque estaban anunciados, no se habían experimentado, como por ejemplo la sensación de estar fuera de lugar. Es común empequeñecerse al principio, no saber de qué forma resultar útil.

También pueden resultar muy incómodos y desagradables otros aspectos, como el olor del paciente, el sonido de su respiración —los estertores son emocionalmente difíciles de presenciar, especialmente durante periodos largos— o el estado físico en que se encuentre. Además, resulta muy difícil constatar la soledad de aquellos moribundos que no reciben visitas, especialmente si están lúcidos, si las esperan o preguntan por sus familiares o amigos. También cuesta presenciar la soledad de los pacientes o su miedo, que a veces es pánico. Pero sobre todo resulta muy complejo lidiar con el sufrimiento ajeno desde una posición de absoluta impotencia.

Por esta razón los partidarios de cobrar por la prestación de servicios de acompañamiento a alguien que está muriendo, consideran que las doulas del final de la vida son profesionales capacitadas para gestionar situaciones que ni siquiera los familiares están preparados para afrontar y que, por lo tanto, es justo que reciban un intercambio económico.

Las formaciones de doula del final de la vida son necesarias para profundizar en la situación futura, conocer testimonios de personas experimentadas, entender qué va a suceder y comprender si podemos hacer frente al compromiso de acompañar a alguien hasta el final de su vida. Acompañar puede parecer algo sencillo, pero en el contexto del final de la vida implica una gran responsabilidad y no basta con tener una buena voluntad, sino que se necesita tener unos conocimientos básicos.

Actitudes esenciales para acompañar a alguien a morir

Siempre ha habido personas que afrontan la finitud mejor que otras y que ejercen como guías para acompañar en la transición de la vida a la muerte. Es algo de lo que se han ocupado los líderes religiosos de cada cultura —chamanes, sacerdotes, rabinos...—, pero su conocimiento nos beneficia a todos, no solo porque somos capaces de ayudar a los demás, sino porque al hacerlo asimilamos mejor nuestra propia extinción.

En muchas ocasiones los acontecimientos de la vida se imponen y se acaba ejerciendo de doula del final de la vida sin haberlo previsto de antemano ni tener idea de qué hacer. Es el caso de muchos trabajadores sociales, enfermeras, familiares o amigos que se quedan al cuidado de una persona que está muriendo hasta que expira. El objetivo de esta guía también es arrojar un poco de luz para ayudar a todos aquellos que se convierten en doulas accidentales del final de la vida.

En *El libro tibetano de la vida y la muerte* se habla de la importancia de la compasión como una de las cualidades más esenciales de los acompañantes en el proceso. Nos recuerda que los moribundos lo están perdiendo todo y que hay que ayudarles a exteriorizar lo que están sintiendo: la tristeza, la rabia, la impotencia.

Durante la vida con frecuencia se tiende a animar a los que están atravesando un mal momento a que se muestren enérgicos, alegres o positivos, impidiéndoles muchas veces desahogar su pena, su dolor o su frustración. La persona que es testigo del sufrimiento ajeno quiere corregirlo urgentemente, en parte también, porque le resulta incómodo y no sabe qué hacer. Pero pese a que las intenciones de quien intenta ayudar sean que el o la protagonista salga del agujero lo antes posible, cada uno tiene que hacerlo a su ritmo, no se puede imponer que alguien esté bien cuando se está mal. Hay que dar siempre un margen de tiempo para procesar lo que se está experimentando. Por eso acompañar puede resultar difícil; consiste en respetar el ritmo y el proceso del otro sin intervenir, sin hacer nada más que acompañarlo, estar ahí para lo que pueda necesitar, para compartir ese momento. Es esencial dar el protagonismo y el timón a la persona que está en proceso de morir.

El acompañante debe practicar la humildad, porque, aunque está sano, y eso pueda darle cierta seguridad, motivándolo a dar incluso consejos, no ha pasado ni está pasando por el proceso que sufre quien está muriendo. Explica Sogyal Rimpoché:

> No quieras ser demasiado sabio; no intentes decir siempre algo profundo. No tienes que hacer ni decir nada para que las cosas mejoren. Solo has de estar allí tan plenamente presente como puedas. Y si experimentas mucho miedo y ansiedad y no sabes qué hacer, díselo directamente al moribundo y pídele ayuda. Esa sinceridad contribuirá a una mayor intimidad y a establecer una comunicación más libre. A veces los moribundos entienden mucho mejor que nosotros cómo se les puede ayudar y hemos de saber recurrir a su sabiduría y permitir que nos la transmitan.[6]

La espiritualidad es fundamental para abordar la muerte, ya que no podemos explicar qué sucede después desde una perspectiva científica ni de cualquier otro modo. Se convierte así en un proceso de aprendizaje continuo donde tratamos de conectar con el sentido de la existencia para poder trascender. Buscamos en nuestra esencia, tratando de quedarnos con lo que importa, con lo que resuena. A diferencia de la religión, que sigue una doctrina específica y acata un conjunto de creencias, la espiritualidad es un proceso interno de expansión, fusión y entendimiento con algo superior a nosotros.

Los siguientes indicadores de alineación espiritual nos ayudan a constatar qué aspectos debemos reforzar si hemos decidido acompañar a alguien en su proceso de muerte.

---

[6] Sogyal Rimpoché, *El libro tibetano de la vida y la muerte*, Urano, Madrid, 2006, p. 231.

1. Altruismo, una clara vocación de ayudar al otro en su proceso

El deseo de ayudar va usualmente ligado a otra serie de cualidades fundamentales, como la empatía, la compasión y la paciencia, que son muy valiosas en el acompañamiento de alguien en proceso de morir.

La motivación de ayudar puede ser simplemente esa: se quiere estar ahí para el otro. Pero cuando nos adentramos en un tema que asusta tanto, hay otras razones que hacen que el deseo de ayudar específicamente en esta área sea aún más intenso. La doula del final de la vida siente que tiene algo que ofrecer.

Hay quien «siente la llamada» y se involucra de una forma muy determinada una vez que ha procesado ese llamamiento espiritual. Otras personas se sienten capacitadas para ayudar después de haber sufrido experiencias que les dan una seguridad rotunda de que existe vida después de la muerte y quieren transmitir esa paz interior que han conseguido. Con más frecuencia, la doula del final de la vida es alguien que ha experimentado un episodio doloroso relacionado con la pérdida de alguien muy cercano —como una madre o un hijo— o una enfermedad propia y que a través de ese proceso adquiere otro nivel de conciencia, desarrollando herramientas para lidiar con el sufrimiento desde la aceptación y la fortaleza. Esas personas suelen experimentar un fuerte deseo de compartir lo aprendido con los demás.

2. Equilibrio interior pese a los condicionantes externos

Para poder servir de apoyo en un momento de transición se necesita estar en armonía con uno mismo, de forma que la intensidad o incomodidad de la situación no pueda hacer tambalear nuestros cimientos. Es muy difícil apoyar y guiar a otros en momentos de incertidumbre, dolor, miedo y desamparo si uno no está bien. Conseguir un estado de equilibrio interior significa tener la mente ordenada, limpia y en paz.

Mantener una actitud ecuánime, o lo que es lo mismo, imparcial, observándolo todo desde una cierta distancia para impedir que nos afecte convierte a la doula del final de la vida en una persona mástil, faro, roca y casa. La exime de reaccionar manipulada por las emociones y la ayuda a actuar desde la sensatez y el equilibrio.

Ser ecuánime consiste principalmente en poner límites para no dejarse llevar por las emociones ni por los impulsos y permanecer firme, en control de uno mismo y no en manos de las circunstancias.

¿Qué podría haber hecho o respondido? Al final de cada día es conveniente que la doula del final de la vida repase las interacciones con los demás para corregir aquello que creas que puede mejorar.

3. Ser capaz de estar en silencio, de escuchar

La doula del final de la vida o el cuidador está con, para y por la otra persona. El propósito principal es acompañar y escuchar. Permanecer en silencio es en estas situaciones la mayor muestra de respeto y amor, la más generosa. Si el moribundo aún está consciente y puede comunicarse, la doula del final de la vida principalmente escucha, ya que no es un consejero espiritual sino un acompañante para la muerte; esto quiere decir que es preferible evitar dar opiniones, contar experiencias o inculcar creencias. El protagonista es, siempre, el otro. El cometido de la persona que lo acompaña es ayudarle a relajarse y crear la confianza suficiente para que pueda desahogarse y compartir lo que necesite.

Este permanecer en silencio o responder amablemente, pero devolviendo la palabra al protagonista puede parecer muy sencillo, pero entraña una gran dificultad, porque en nuestra cotidianidad estamos acostumbrados a expresar constantemente lo que pensamos y a intervenir en el proceso de los demás dando consejos.

A lo largo de la vida experimentamos múltiples infortunios, momentos trágicos o tristes en los que se sufre. En buena parte de estos casos habremos podido constatar que hay personas que nos ayudan simplemente estando a nuestro lado, en calidad de testigos de lo que nos ocurre. No pueden hacer nada para impedir lo que nos ha sucedido, pero su presencia ya nos produce alivio.

4. Recordar que estamos sirviendo al otro y que no somos los protagonistas

Frecuentemente el cuidador adquiere una actitud paternalista o condescendiente con el moribundo, tratándolo como si fuera un niño.

Quien va a morir está expuesto, indefenso ante los mensajes que recibe. No puede moverse, no puede taparse los oídos y, en algunas ocasiones, aunque ya no tiene la capacidad de hablar, sigue escuchando. El acompañante ha de ser muy cauto con lo que comunica y no tratar de imponerse ni de predicar. Pongamos un ejemplo: si quien va a morir es una persona católica que lee asiduamente la Biblia, aunque la doula del final de la vida o el cuidador no sean creyentes, será conveniente que le lean la Biblia, ya que es con lo que está familiarizado y lo que podrá sosegarle dándole una sensación de seguridad y bienestar. Lo que prevalecerá serán siempre las preferencias del moribundo, independientemente de lo que nosotros pensemos al respecto.

También es común observar cómo los cuidadores se sienten redentores o adquieren aires de grandeza, dejando al descubierto su ego escondido tras la fachada de compasión o bondad. El verse en una posición de superioridad —por estar sanos— les da cierta seguridad que les hace sentirse especiales. Sabiendo que esta actitud puede aflorar cuando estamos acompañando a alguien que está muriendo, es importante estar alerta, ser honesto con uno mismo y, sobre todo, humilde. El cometido del acompañante es estar al servicio del otro, dejando que sea el moribundo quien decida lo que hacer en cada momento y dándole autonomía en todo aquello que aún pueda decidir por sí mismo. Esto ayudará a preserva su dignidad hasta el final. El apoyo debe ser incondicional. Si la doula del final de la vida o el cuidador hacen ver con sus palabras o sus gestos que el moribundo podría actuar de otra forma —«venga, sé positivo», «no te vengas abajo»—, esto, aunque bienintencionado, puede añadir tensión, incomprensión y culpabilidad a un proceso que ya de por sí puede resultar abrumador. Ser compasivo es clave en el acompañamiento para entender el proceso del moribundo y caminar a su ritmo, observando cómo se desenvuelve la situación sin sentir la necesidad de corregirla. Se ha de generar una atmósfera cómoda, relajada, donde el moribundo se sienta seguro para mostrarse vulnerable y donde, sobre todo, se contribuya a hacerle sentirse bien —que es diferente a imponer un estado de ánimo o instar a que reprima sus emociones.

Lo que resulta más útil es siempre intentar ponernos en la posición del otro. Cuando seamos nosotros los moribundos, ¿qué nos gustaría que nos preguntara quien nos acompaña? ¿Qué nos gustaría que hiciera? El problema, pensarán muchos, es que uno nunca puede anticiparse a cómo va a reaccionar, procesar o sentir en un momento tan importante, pero sí tenemos ciertas pautas que nos pueden ayudar. Por ejemplo, todos hemos estado enfermos alguna vez, postrados en una cama, incapaces de incorporarnos, sintiendo un dolor en alguna parte del cuerpo y dependiendo de los demás para comer o beber. Si volvemos a esos momentos, quizá podamos recordar que los ruidos o la luz suelen resultar molestos, que cuando uno siente un gran cansancio apenas se tienen fuerzas para hablar y que, de estar acompañados, necesitamos sentirnos cómodos para ser nosotros mismos, para poder decir «no me apetece hablar» sin temor a que la persona se sienta ofendida o simplemente no dar conversación sin sentirnos culpables por ello. Antes de acercarnos a la cama de un moribundo debemos volver a estos momentos de gran vulnerabilidad que hemos sufrido en la vida y que pueden guiarnos desde la compasión, la humildad y el respeto más absolutos, recordando siempre que estamos participando en una transición sagrada que le está sucediendo a otra persona.

5. Compromiso

Hay quien quiere ayudar cuando puede, y eso es algo maravilloso y factible en muchos voluntariados que no implican un seguimiento. Sin embargo, acompañar en el final de la vida es un compromiso sagrado, aun cuando se trata de algo que se hace voluntariamente. El moribundo suele encontrarse en un estado frágil y una presencia que es irregular o que de súbito desaparece puede desestabilizarlo, provocando ansiedad, tristeza o sensación de abandono, que, en este estadio final, resultan fatales. Además, no cuenta con muchas distracciones, y con frecuencia carece del suficiente apoyo o sufre de soledad.

Cuando un paciente recibe cuidados paliativos está en un estado terminal. Entendiendo que puede morir en cuestión de días, semanas o meses. Nadie puede saber con certeza cuándo se va a producir el fallecimiento, se trata solo de una estimación, pero cuando una doula del final de la vida acepta visitar a un moribundo, quiere decir que se compromete a hacerlo desde ese momento hasta que la persona muera, dure lo que dure.

Las visitas deben ser regulares, en torno a una o dos horas semanales. Se establece un día y una hora determinada para visitar al moribundo. El horario y la constancia son muy importantes en el proceso de muerte, ya que, al estar en un proceso de transición, de cambios vertiginosos y de declive, el moribundo necesita más que nunca un orden y una estabilidad. Al final de la vida hay muy poca actividad, por lo que, con frecuencia, lo único que rompe la rutina es recibir esa visita, que supone un gran acontecimiento, hasta el punto de que la vida gira en torno a ese suceso. Muchos moribundos se pasan la semana esperando que la doula del final de la vida regrese. El paso del tiempo está marcado por esa periodicidad. Por eso, dejar de visitar a alguien que está en su última etapa vital y en una situación de extrema vulnerabilidad se considera un abandono.

6. Establecer límites

Quien está en predisposición de dar de forma altruista, que está emocionalmente equilibrado, que sabe escuchar y que puede comprometerse a una entrega incondicional al otro, está en condiciones de acompañar sanamente a otra persona en el final de su vida.

Al compromiso de acompañar al paciente hasta que muera se debe añadir un compromiso igualmente importante: el de cuidarse física y emocionalmente todos los días que dure el proceso de acompañamiento. Esto implica disponer de las condiciones que le permitan dormir ocho horas, alimentarse de forma sana y disfrutar de un par de horas al día para relajarse, entretenerse y recargarse energéticamente.

En el caso de los que cuidan a un ser querido la situación es más delicada, porque la mayoría no puede elegir entre atender o no a la persona que está muriendo y, aunque no se encuentre emocionalmente bien, considerará un deber moral estar ahí. Es comprensible. Pero esa entrega continua supone un desgaste físico, mental y emocional acumulativo, sin capacidad real de desconexión, a lo que se suma el componente afectivo que hace que el desapego sea mucho más difícil de conseguir.

Es difícil que el cuidador de un ser querido pueda estipular el horario en que acompaña a su ser querido, pero es recomendable hacerlo para tener garantizadas unas horas de descanso al día. Necesita ayuda, descanso y refuerzos. Es fundamental administrar sabiamente la energía de la que uno dispone a la hora de entregarse en tiempo y alma a otra persona en su proceso de muerte. Al acompañar a quien está muriendo uno entrega no solo su tiempo, sino también su energía y, a veces, este gran esfuerzo puede acabar generando reproches, malestar, mal humor, rabia, rencor. Lo que en principio era un acto de amor puede convertirse en algo nocivo para quien acompaña tanto como para quien está muriendo. El cuidador no es un superhéroe ni un salvador, es una persona con miedos, responsabilidades y vulnerabilidad como cualquier otra. Por eso es fundamental poner límites, no solo para que otros puedan respetarlos, sino principalmente para internalizarlos y saber cuándo es necesario parar antes de colapsar.

En ocasiones la muerte se produce muy rápido, pero en otros casos puede alargarse meses y no hay nada peor que sentir impaciencia porque un ser querido muera. Los cuidadores suelen rozar la extenuación y la depresión y es muy importante tener presente que la energía debe dosificarse. Hay quien se vuelca en los cuidados de otra persona y, precisamente por eso, se agota antes de que el paciente muera. Es como quien empieza a toda velocidad una carrera que no se sabe cuánto va a durar. Es responsabilidad de cada cuidador conocer sus límites y gestionar su energía, que es limitada y sagrada.

7. Tener una predisposición a estar bien, una actitud positiva

Disfrutar de cada instante, buscando la belleza y el aprendizaje en cada cosa, impulsa a vivir en un estado permanente de agradecimiento y goce. Parece algo tan simple que puede irritar, especialmente a aquellos que tiendan a desarrollar un pensamiento crítico, pero es algo muy complejo. La actitud positiva aumenta radicalmente nuestro bienestar y permite que el tiempo que se viva sea en plenitud. Además, es contagiosa. Las altas vibraciones benefician al enfermo, al equipo médico y a cualquiera que se encuentre a nuestro alrededor.

¿Qué ha sido lo mejor del día? ¿Qué pensamientos generan bienestar? Recordar las razones por las que estamos agradecidos suele ser un ejercicio fácil para adiestrar a la mente de vuelta a lo que sí ha salido bien y en lo que queremos centrar nuestra energía.

8. Ver la vida como es, no como queremos que sea

Aceptar la situación tal y como es nos permite fluir sin resistencia y sin dejar que nuestros deseos o preferencias se conviertan en obstáculos para lo que se está manifestando y cuya naturaleza es superior a la nuestra.

El discurso victimista y autoindulgente, «es injusto», «no me lo merezco», «no se lo merece», no solo proviene de ignorar cómo funciona la vida, sino de la arrogancia, ya que al igual que los demás, desde que nacemos somos susceptibles de morir en cualquier momento.

Pero lo más importante es dejar de decir ese tipo de frases porque en lugar de empoderar, debilitan. La sabiduría y la valentía radican en una postura revolucionaria: aceptar lo que es y fluir con ello.

9. Perder el miedo, confiar

Uno de los aspectos más difíciles de rebatir ante alguien que está muriendo es cuando manifiesta que tiene miedo a desaparecer, miedo a lo desconocido. Si se trata de una persona agnóstica o atea, ¿cómo hacer que pierda el miedo y que confíe? Para poder conseguirlo es fundamental ser capaces de transmitirlo nosotros. Como acompañantes, ¿hemos perdido el miedo a la muerte?

A mí me ayuda establecer un paralelismo entre dormir y morir. En este sentido, experimentamos la muerte todos los días. Cohabitamos con la muerte y, de forma inconsciente, nos preparamos para afrontarla.

Sigamos con este hilo de pensamiento porque realmente pienso que dormir es una oportunidad diaria para aprender a enfrentarnos a la muerte. No terminamos de comprender qué sucede mientras dormimos; perdemos la conciencia, podemos incluso morir en sueños. No tenemos ningún control sobre lo que ocurre cuando estamos dormidos: estamos a merced de Morfeo. Pero hemos aprendido que de nada sirve resistirnos; no podemos elegir entre dormir o no, acabará sucediendo, aunque nos rebelemos, porque la naturaleza es más fuerte y así está dictado. Y como es algo que sucede a diario, hemos normalizado el hecho de que durante horas nos apagamos. Vencemos al miedo a lo desconocido confiando en que nos vamos a despertar. Y, de hecho, todos los días nos despertamos. Por eso para mí dormir es un ejercicio útil para trabajar la confianza en la naturaleza.

En cierto modo, dormir nos prepara para la muerte, que es un evento que no podemos entender utilizando nuestro raciocinio. Decimos que nos vence el sueño cuando estamos muy cansados. Incluso decimos «estoy muerto de sueño». Llamamos a la muerte «el sueño eterno».

Esta pauta del sueño, que se repite, nos puede ayudar a confiar en la sabiduría de la naturaleza. En su poder y su meticulosidad, porque la naturaleza no es arbitraria, está dotada de reglas y pautas, tiene un funcionamiento preciso que se da en todos los seres vivos. Una perfección que se manifiesta, por ejemplo, en nuestro organismo y que nos puede animar a aceptar aquello que no podemos entender, porque puede tener un sentido, aunque no seamos capaces de racionalizarlo.

«No tengo tiempo». «No puedo concentrarme». «Meditar no es lo mío». «No sé meditar». «Tengo problemas de espalda». «No soy constante». «Se me olvida» o «A mí no me funciona» son frases que escucho a menudo cuando pregunto a alguien si medita. Aunque en los últimos años se ha popularizado este entrenamiento ancestral demostrando que es la herramienta más útil para conseguir claridad y sosiego, aún hay mucha reticencia y son muchos los que encuentran difícil integrar la práctica en su día a día.

Mi padre me preguntaba: «Pero ¿qué tiene que ver la meditación con la muerte?, «¿en qué ayuda la meditación a una doula del final de la vida?», «¿por qué tanto énfasis en la meditación?». Para mí es fundamental. Creo que cuando se consigue llegar a una meditación larga y profunda conectamos con la vacuidad y es lo más parecido que conocemos a morir. Meditar nos ayuda a salir de nuestra mente —ideas, prejuicios—, abandonar nuestra identidad para fundirnos en un todo. Esa sincronización nos da calma, seguridad y solidez porque sentimos que formamos parte de algo, que no somos un ente aislado. Es una práctica contemplativa que facilita conexiones neuronales —en la corteza prefrontal izquierda del cerebro— que no se dan en personas que no meditan. Estas conexiones propician nuevos niveles de conciencia que nos ayudan a vivir de una forma más expansiva, conectados con la naturaleza que nos rodea.

Pero meditar genera mucha frustración si no se consigue al primer intento, o si se comprueba que adiestrar la mente exige un esfuerzo. No me sorprende, porque vivimos en una sociedad basada en el consumo, donde estamos cada vez más acostumbrados a la inmediatez. La sofisticación de la tecnología, unida a la producción masiva y acelerada, nos ha rodeado de productos y servicios que propician la facilidad y la comodidad, que pueden conseguirse y consumirse al instante. Pero también promueven la pereza —mucho se puede conseguir sin esfuerzo, casi todo puede comprarse— y arrastran consecuencias nefastas. Nos convierten en personas funcionalmente más productivas, en detrimento de nuestra espiritualidad, que en lugar de potenciarse se reduce. En lugar de evolucionar, retrocedemos. Nos hemos vuelto más impacientes y cada vez son más las personas que desarrollan trastornos neurobiológicos que se caracterizan por la hiperactividad o el déficit de atención. Nos resulta difícil bajar el ritmo, hacer una única cosa, tener una conversación sin mirar el teléfono móvil, mantener la atención por completo durante una película o no hacer nada contabilizable sin sentirnos culpables, por poner ejemplos fáciles. Son condicionantes que repercuten a la hora de intentar meditar.

Además, la enorme oferta de estimulantes actividades de evasión incide en el subconsciente impulsándonos a pensar que lo mejor de la vida ocurre siempre fuera de nosotros. A esto se suma la presión que ejercen las redes sociales mostrando vidas idílicas a través de una galería de fotos que son seleccionadas cuidadosamente para proyectar cierta imagen de nosotros mismos. Esta construcción virtual de la identidad no solo genera una feroz competición, sino un constante deseo, nunca satisfecho, de ser feliz, estableciendo paralelismos equivocados: si voy a X lugar seré feliz como X persona. Y genera el «miedo a perderse algo», que se conoce como FOMO, por sus siglas en inglés —Fear of Missing Out—. Este equívoco se agrava porque no solo asociamos toda distracción a diversión, sino que el interior pasa a vincularse a soledad, aburrimiento o fracaso. ¿Las consecuencias? Aumenta la ansiedad, el estrés o la depresión. Conlleva periodos de inactividad que hacen que la persona se sienta, además, culpable por no estar produciendo. A más prisa por desear recuperarse, más ansiedad, más estrés, más depresión; y en esos estados es muy difícil conseguir meditar si no se sabe cómo. En este sentido, la meditación no tiene ningún atractivo. Lo interesante es que la meditación es la mejor herramienta para salir de ese estado.

Lo más importante es recordar que para poder meditar hay que querer meditar. Tiene que haber predisposición, voluntad y persistencia, porque meditar no es fácil para nadie. Tampoco para los monjes budistas que llevan meditando treinta años, porque la mente nunca deja de provocar para distraer con pensamientos y emociones. Aunque se lleven décadas meditando, cada día es distinto. Habrá días en que uno no consiga concentrarse, pero con el tiempo cada vez será más frecuente que se experimenten meditaciones profundas. Eso no quiere decir que a partir del momento en que se tenga una meditación trascendental, ya todas sean de ese tipo. La meditación varía del mismo modo que el estado de ánimo fluctúa y las circunstancias se transforman. La naturaleza de la mente es salvaje y requiere un adiestramiento diario para cambiar los patrones de comportamiento que llevan instaurados en nosotros desde que tenemos uso de razón. Es un esfuerzo titánico tratar de mover montañas.

De la misma forma que el cuerpo se entrena, la mente también. Lleva tiempo conseguir un grado de concentración y conexión satisfactorias, de la misma forma que se necesita entrenar con disciplina para ser capaz de levantar pesas de cierta envergadura. La meditación no es magia, requiere de paciencia, constancia y compromiso.

Algunas observaciones sobre la meditación:

- Hay muchas técnicas de meditación, ninguna mejor que otra. Cada uno puede probar hasta encontrar la que mejor le resulte. Lo importante es entender que el objetivo de la meditación no es relajarse, sino todo lo contrario: observar a la mente sin dejarse arrastrar por ella. Observar los pensamientos y soltarlos, dejarlos ir, sin desarrollarlos.
- En la meditación kundalini o vipassana, los ojos están semicerrados, mirando la punta de la nariz. En el zazen —el budismo zen— se medita con los ojos abiertos, pero fijos en un mismo objeto inmóvil. La razón por la que en la meditación no se recomienda que se cierren los ojos es para evitar perder la concentración, ya que con los ojos cerrados es más fácil relajarse hasta incluso quedarse dor-

mido o dejarse llevar por el flujo de pensamientos. Pero se pueden cerrar los ojos si uno es capaz de mantener la concentración.

- Una clave esencial para no perderse en la marea de pensamientos en una suerte de soñar despierto es observar la respiración. Prestar atención a cómo se respira nos ayuda a controlar crisis de ansiedad y pánico, a recuperar el timón de nuestro barco.
- Una forma de meditar es hacer un recorrido visualizando cada parte del cuerpo o cada órgano —como se prefiera— mientras respiramos sobre esa parte, tratando de percibir cómo se encuentra.

  Se puede empezar visualizando la punta de los pies y respirando deteniéndonos primero en los dedos... atravesando la planta del pie... ascendiendo hasta los tobillos... luego subiendo por las pantorrillas... las rodillas... los muslos... las ingles... las caderas... el vientre... el corazón... los pulmones... el esófago... el cuello... la mandíbula... la nariz... los ojos... las orejas... la frente... la cabeza...

  Si no notamos ningún tipo de tensión se puede inspirar y espirar, y luego continuar con la siguiente parte del cuerpo. Pero si se percibe opresión en esa parte, si hay un nudo energético, nos quedaremos sin prisa, respirando en esa parte del cuerpo hasta desbloquearlo.

  Una vez que se ha escaneado por completo el cuerpo de abajo arriba, volveremos a rastrearlo, pero en dirección inversa, de arriba abajo. Se trata de un suave movimiento de barrido en las dos direcciones hasta percibir que la energía fluye libremente. Es entonces cuando se considera que hemos limpiado el aura. Se volverá a repetir el recorrido de abajo arriba y de arriba abajo una y otra vez durante el tiempo que hayamos estipulado que vamos a meditar.

- Fijarnos en la respiración y visualizar cada parte del cuerpo nos ayudará a detener los pensamientos que afloren: las preocupaciones, las preguntas, los recuerdos, la ensoñación. Aparecerán una y otra vez, pero los dejaremos ir, como olas. Seguirán apareciendo, porque la mente es una distracción permanente que trata de boicotearnos, pero conseguiremos no aferrarnos a ellos volviendo a la respiración y a la visualización.

Eso es meditar.

Al principio supone un proceso engorroso, que puede producir mucha frustración. La tentación de seguir el pensamiento es más poderosa a veces que nuestra fuerza de voluntad, y es común acabar cediendo, rindiéndose, abandonando la meditación como si hubiéramos fracasado. En esos momentos es importante recordar que la meditación es como el deporte: cuanto más se practica más habilidades se desarrollan.

Lo ideal es crear una rutina donde uno se comprometa a sentarse a meditar a diario en la medida de sus posibilidades, aunque solo sean 10 minutos. S. N. Goenka, uno de los mayores maestros del vipassana —meditación budista—, recomendaba meditar una hora después de despertarse y una hora antes de dormir. En sus seminarios tiene respuestas para todo tipo de reticencias que puedan plantear los practicantes. Para aquellos que, por ejemplo, se quejan de no disponer de tiempo para meditar, Goenka explicaba que era preferible meditar que dormir y recomendaba a los estudiantes que se despertaran una hora antes de lo que solían para llevar a cabo su práctica diaria.

Meditar es la herramienta más útil para el cuidador o la doula del final de la vida porque garantiza que, a diario, estarán energéticamente equilibrados. Tendrán más conciencia, más solidez y más claridad. En definitiva, si una persona medita a diario es emocionalmente más fuerte y menos proclive a dejarse llevar por la adversidad de las circunstancias que tenga que vivir que si no lo hiciera. Meditar, además, acalla el ruido interior que es fundamental para estar presente.

La meditación diaria es una forma de cuidarnos, concediéndonos el tiempo y el espacio para conectar con nuestra esencia y tener conciencia de lo que está pasando dentro de nosotros antes de salir al exterior o relacionarnos con otros.

Formas de acompañar

La doula del final de la vida contribuye a crear un entorno seguro donde la persona a la que acompaña puede morir en paz. Se encarga también de procurar cuidados psicoemocionales que contribuyan al bienestar del moribundo, especialmente en la última fase, cuando las sensaciones se intensifican y aceleran durante la agonía. Por eso, la doula del final de la vida se encuentra en un estado de alerta permanente y su acompañamiento dista mucho de ser pasivo.

Estas son algunas acciones con las que la doula del final de la vida o el cuidador pueden ayudar a la persona que está muriendo.

1. Detectar necesidades

Las necesidades del moribundo van cambiando y con frecuencia pueden pasar desapercibidas. Pero alguien que está junto a él o ella puede percatarse de si tiene calor o frío y, en función de eso, abrir o cerrar ventanas, poner o apagar el aire acondicionado/calefacción, proveer mantas... También puede acomodar las almohadas —siempre buscando facilitar la respiración—, cambiar la posición de la cama —para que esté más o menos reclinada—, secar el sudor de la frente o, con una toallita, mojarle suavemente los labios al moribundo en que caso de notar que está deshidratado y que ya no pueda beber agua porque no le resulte posible deglutir.

Al no ser personal sanitario, la doula del final de la vida no puede suministrar medicación, pero sí puede y debe avisar al equipo médico para reportar el estado del paciente en caso de notar alguna anomalía, como un malestar constante o que se agrava, un dolor nuevo, heridas o cambios en la piel. En el caso de los pacientes que estén en la fase terminal y ya no puedan comunicarse, la doula del final de la vida deberá estar atenta a cualquier cambio en su respiración o si percibe que está sufriendo, lo que puede indicar que necesita medicación de algún tipo o una dosis mayor, si ya se está medicando.

Aunque no sea su responsabilidad, la doula del final de la vida también puede controlar la hora y avisar en caso de notar que la comida o la medicación se han retrasado, o si el moribundo lleva mucho tiempo sin beber agua.

Si el paciente se encuentra en su domicilio podrá ver si el entorno está limpio, si se cambian las sábanas, se lava la ropa, se friegan los platos, se dispone de comida y, en definitiva, si tiene todo cuanto pueda necesitar.

2. Crear un espacio agradable

Lamentablemente, no siempre se puede morir en un espacio que resulte familiar y muchas personas fallecen en la habitación de un hospital que puede resultar inhóspita e impersonal, lo que hace aumentar el grado de malestar y extrañeza de los moribundos. Por eso, en los últimos años se puede percibir un notable esfuerzo en el acondicionamiento del interior de los hospitales con el fin de hacerlos más cálidos y acogedores. El color de las paredes o los cuadros que las adornan contribuyen a que resulten más o menos agradables y, aunque pueda parecer secundario, inciden en el proceso de morir de los pacientes. Pero pese a que se introduzcan cambios en la estética, una habitación de hospital sigue siendo una habitación de hospital que huele a hospital. En ese sentido, la doula del final de la vida o el acompañante pueden ayudar a que el moribundo se sienta mejor creando un espacio personalizado. Un espacio que se asemeje a su casa o que tenga en cuenta sus preferencias en cuanto a colores, objetos o materiales que le hagan sentirse bien. Se trata de ser creativo sin rayar en el intrusismo, por eso los cambios que introduciremos en la habitación serán sutiles, a no ser que se conozca muy bien a la persona y tengamos la garantía de que se va a sentir cómoda.

Recuerdo haber visto en una ocasión cómo la hija de una moribunda recreó la sala de estar de su casa en la habitación del hospital. El resultado era impactante y un tanto abrumador, pero denotaba un amor y una ternura incuestionables. Había traído cada una de las plantas —reales y artificiales— y objetos que tenía en su casa —jarrones, libros, revistas, estatuas de decoración—. De cada esquina de la cama colgaba un rosario y las paredes de la habitación estaban repletas de fotografías de familiares y amigos. Su madre estaba cubierta por sus propias sábanas y mantas, también traídas de casa —como las almohadas— y estoy convencida de que la abrigaban mucho más que las del hospital, porque el valor sentimental añadido, especialmente en una transición como esta, ayuda a sentirse en calma y protegido y, en definitiva, repercute mucho en cómo uno muere.

Pero no es imperativo trasladar una casa a la habitación de un hospital, con traer un par de fotos u objetos puede ser suficiente. La doula del final de la vida, que no conoce de antemano a la persona que está muriendo, puede añadir detalles sutiles que cambien la energía de la habitación sin ser invasiva. Una buena idea sería llevar flores o ambientadores suaves que contribuyan a refrescar la habitación. El miedo y el dolor producen mucho estrés, por eso un aromatizador de lavanda o jazmín puede ayudar a crear un ambiente sereno.

3. Tomar de la mano

Al final de la vida la comunicación verbal puede no resultar fácil. Por eso, los acompañantes podemos valernos de otras formas para transmitir serenidad y afecto a la persona que se está preparando para transicionar. Mirar a los ojos, hablar con suavidad, sonreír o tomar de la mano son acciones sencillas que forman parte de otro lenguaje, el corporal, que contribuirá a que la persona en cuestión se sienta cuidada y cómoda.

Para alguien que está muriendo el contacto físico puede convertirse en un gesto de atención y solidaridad. Muchas personas cuando ven a alguien en la cama, conscientes de que va a morir, tienden a tratarlo con cierto distanciamiento, como si ya hubiera pasado a un estadio distinto o hubiera comenzado a dejar de existir. Se desarrolla también cierta aprensión de la que no todo el mundo es consciente, limitando mucho más el contacto físico con el moribundo, como si su estado pudiera ser contagioso. Con frecuencia se olvida que, aunque permanezca con los ojos cerrados o aparentemente ausente, aún puede escuchar las conversaciones que se generan a su alrededor y, por supuesto, sentir. Por eso, si se conoce a la persona, los abrazos y los besos se convertirán en un apoyo vital; pueden significar un mundo para quien se está despidiendo y que se encuentra en un momento vulnerable, de suma fragilidad. Le harán sentirse vivo, que aún importa, y agradecerá muchísimo cada muestra de afecto.

Si el acompañante no conoce a la persona de antemano, secarle el sudor de la frente, mantener hidratados sus labios con una esponja o toallita, o sostenerlo de la mano, son acciones menos invasivas pero que cumplen la misma función de cuidar, agradar, hacer que el moribundo se sienta atendido y arropado.

Tomarle de la mano es una forma de transmitirle calor humano y hacerle sentir que no está solo, especialmente si ya no puede abrir los ojos o si está atravesando un periodo de agonía que puede durar horas o días. Es un gesto de amor. Es preferible no acariciar, para no imponer ningún ritmo, solo hay que tomar la mano con suavidad, sin ejercer ninguna presión. Una mano sobre otra denota cercanía, apoyo, acompañamiento. Es una manera de compartir el sufrimiento.

Pero también hay que tener en cuenta que hay personas que pueden sentirse incómodas con el contacto físico, por eso hay que prestar mucha atención a la reacción instintiva del moribundo cuando se le toca. Si se muestra inquieto o si, por el contrario, se tranquiliza a nuestro tacto. Si ya no tiene mucha movilidad, se puede prestar atención a los sutiles cambios que se producen en la respiración, pero si tampoco hay una pauta distintiva, lo mejor es dejarse llevar por el instinto de cada uno.

4. Poner o tocar música

Hay que tener en cuenta que los factores psicológicos también influyen en la percepción del dolor. La ansiedad, la tristeza o la ira pueden contribuir a que el dolor se intensifique, por eso los cuidados paliativos tienen que atender no solo a la parte física, sino también a la emocional.

La musicoterapia al final de la vida es un elemento de apoyo complementario que, además de activar el funcionamiento cognitivo, repercute positivamente en la parte emocional y espiritual del moribundo. A lo largo de los años se han realizado muchas investigaciones para analizar sus beneficios como parte de los cuidados paliativos, observando siempre que mejora la calidad de vida del paciente al aliviar los síntomas de dolor o sufrimiento. De hecho, en la *Clasificación de intervenciones de enfermería* (NIC) de Bulechek, el código 4400, se incluye la musicoterapia, refiriéndose a ella como la «utilización de la música para ayudar a conseguir un cambio específico de conductas y sentimientos o fisiológico».

La música genera una cadena de consecuencias positivas. Segrega endorfinas como la serotonina, la oxitocina y la dopamina que producen placer, lo que alivia la depresión y la tristeza. Al disfrutar se reduce el estrés y esto hace que aumente la respuesta inmunológica y se reduzca el dolor físico. Y con la relajación, la comunicación resulta más fácil y fluida, porque el paciente es más proclive a exteriorizar sus sentimientos. En definitiva, la música posibilita una serenidad que reconcilia con la situación que se está experimentando o, al menos, la suaviza.

En algunos casos la persona que está al final de su vida, se anima incluso a cantar o bailar si tiene predisposición y siente que puede hacerlo. No es lo común, pero no es imposible. En una ocasión bailé en medio de los pasillos del hospital con un enfermo de cáncer que era muy bromista y dicharachero. Cuando me propuso bailar pensaba que no lo decía en serio, pero cuando me insistió y las enfermeras corroboraron la ilusión que le hacía, por supuesto acepté. Bailamos sin música, mientras él mismo tarareaba y marcaba el ritmo. «Ya he hecho ejercicio para lo que me queda de vida», dijo él riendo cuando poco después dejamos de bailar. Estaba agotado. Volvió a tumbarse en la cama y cerró los ojos con una sonrisa de satisfacción. Fue breve, pero hermoso. Bailando celebramos la vida e hicimos sonreír a todo aquel que nos vio. Generamos buena energía y contribuimos a aligerar y subir la vibración de un espacio denso, por la acumulación de miedo, incertidumbre y tensión. Pero, sobre todo, aquel hombre disfrutó, y no como un enfermo, sino como una persona que aún está viva. Saboreó el momento con conciencia de que era su baile de despedida, la última vez que bailaría. Le brillaban los ojos de emoción, parecía, otra vez, un niño.

Los sonidos, la melodía, el ritmo y la armonía de los instrumentos que se toquen pueden activar al enfermo —estimulan la atención, la memoria, y promueven un estado de reflexión— y generar la sensación de gozo, especialmente si se conocen las canciones favoritas que la persona que va a morir solía escuchar en su vida cotidiana. De esta forma, la doula del final de la vida o el acompañante pueden reconducir a la persona que está muriendo y rescatarla del miedo, la rabia o el lamento a través de la música. El moribundo puede transmutar los sentimientos que le generan malestar si hay alguien que le muestre pacientemente el camino para reconectar con lo que le hace sentirse bien.

Recuerdo el caso de S., una pianista rusa de ochenta y dos años, que llegó en un estado de agitación a la planta de cuidados paliativos del hospital. Todos nos percatamos de su llegada porque iba gritando mientras la transportaban por el pasillo. «¡Traedme mi piano!, ¡necesito mi piano!», seguía diciendo mientras se revolvía en la cama. Los días que siguieron no recibió ninguna visita de allegados y permaneció en un estado iracundo, de negación, rebelándose ante lo que le estaba ocurriendo. Cuando regresé a visitarla la semana siguiente, ya no podía hablar, apenas se movía y tenía los ojos abiertos, ya acuosos, clavados en el techo. En su expediente vi que tanto las enfermeras como la trabajadora social habían observado que ya no reaccionaba ante ningún estímulo externo. Me senté a su lado. En la sala de materiales encontré un reproductor de CD y me llevé un par de CD de Bach y Chopin a su habitación. Cuando escuchó la música por primera vez, percibí un sutil movimiento en sus dedos, que, a veces, parecían moverse con las notas y quedarse suspendidos en el aire como si flotaran. También noté un cambio en su gesto, como si la comisura de los labios se hubiera alzado mínimamente, unos milímetros. Esa expansión casi imperceptible parecía indicar cierto alivio, cierta esperanza. Los ojos parecieron abrirse más, atentos. Pasamos la tarde escuchando música, yo mirando sus ojos y ella con la vista queda en el techo. Fue un largo baño de música, de gozo. Nunca más volví a verla. Murió poco después de aquella noche.

Anteriormente mencionaba que es importante tener en cuenta las preferencias de la persona que está muriendo, pero siempre en consonancia con el contexto. Por mucho que al moribundo le guste la salsa o la electrónica, evitaremos la música que pueda agitarlo. Es preferible música instrumental, para no intervenir en el proceso del final de la vida transmitiendo mensajes que pueden estar fuera de lugar. Nuestro objetivo es tranquilizar, encontrar algo suave que funcione siempre como música de ambiente para no molestar. Se trata de dar con una música de acompañamiento, no intrusiva ni impositiva. La pondremos a un volumen muy bajo, respetando el estado en el que se encuentra el enfermo terminal.

Los músicos tanatológicos también son doulas del final de la vida, con el añadido de que, además, ayudan a los moribundos y sus familiares tocando melodías con sus instrumentos. El arpa es el instrumento que más utilizan, porque su vibración serena e hipnótica suele ser muy beneficiosa en la transición final. Los arpistas que ayudan a las personas que se encuentran al final de la vida suelen improvisar de acuerdo con la sintomatología de los moribundos, ajustando la música a su respiración.

Me dirijo hacia la cama donde se encuentra el paciente y me presento. Sé que me escucha, independientemente de la situación en que se encuentre. Les pido a los visitantes que busquen un lugar cómodo para sentarse. Con frecuencia, la familia se reúne alrededor de la cama. Me coloco con el arpa donde pueda ver el rostro del paciente y escuchar su respiración. Primero probando las cuerdas del arpa en busca de las señales que me digan que he encontrado el tono resonante de esa persona, y voy probando hasta que lo encuentro. Suelo empezar con el canto gregoriano lento. Después empiezo a improvisar una pieza musical que es única para el paciente. Me concentro en su nivel de ansiedad y/o malestar utilizando su respiración para marcar el ritmo de la música hasta que la respiración y la música se sincronizan. El moribundo se va calmando, la presión arterial se estabiliza y el nivel de ansiedad desaparece. A los miembros de la familia con frecuencia se le llenan los ojos de lágrimas al notar que el paciente ha entrado en un espacio tranquilo y sagrado. Muchos consiguen relajarse tanto que se duermen, otros eligen este momento para morir.[7]

Así se expresa Dayle Olsen, un arpista estadounidense especializado en tanatología, que durante los últimos once años afirma haber tocado para más de 2.500 personas en hospitales.

5. Escuchar de forma activa

Al final de la vida muchos moribundos sienten la necesidad de compartir reflexiones o experiencias íntimas o secretas, con el fin de rememorar algo que les hizo felices, o bien de desahogarse respecto a algo que los está perturbando, confesándose o exteriorizando sus miedos. La doula del final de la vida o el cuidador puede brindarles la oportunidad de desahogarse y obtener consuelo. En la mayor parte de los casos no buscan consejos ni opinión, lo único que necesitan es

[7] «Olson's harp music brings comfort to the dying, their families», *The Messenger News*, 5 de enero de 2020.

alguien que los escuche. Nos referimos a una escucha activa, es decir, con atención, mostrando interés y sin juzgar lo que se nos está contando. Se trata de escuchar de forma paciente, empática y respetuosa, de modo que, independientemente de si se está o no de acuerdo con lo que se dice, uno es capaz de comprender por qué se dice y de no intervenir.

Tener a alguien que escuche se paga muy caro. En una metrópolis altamente capitalista e individualista, como Nueva York, los psicólogos llegan a cobrar exorbitantes sumas de dinero por escuchar, en torno a los 250 dólares por hora —204 euros—. En contra de lo que se cree, la principal labor del psicólogo, en lugar de dar consejos, es escuchar al paciente hasta conseguir que él mismo entienda lo que le ocurre y descubra la forma de solucionarlo. La escucha tiene el poder de ayudar al otro a sanar, permitiéndole exteriorizar y compartir su discurso interno. Se pueden hacer preguntas para mostrar interés y animarle a que siga expresando lo que siente, pero hay que evitar interrumpir. No se escucha para responder; el protagonista, quien debe dominar la conversación, es la persona que está en transición.

El receptor puede percibir, por la postura corporal, si hay un interés en escucharle o si se siente meramente forzado; por eso es importante sentir un genuino interés por el otro, de forma que todas estas acciones resulten naturales y no impuestas.

Es recomendable sentarse en una postura cómoda y relajada, ligeramente inclinados hacia el paciente para mirarlo fijamente a los ojos, ya que el contacto visual es crucial para mostrar interés y atención. También se puede parafrasear a la persona para corroborar si se ha entendido algo bien o para que ahonde más en un tema. Repetir lo que acaba de contarnos nos ayuda a seguir el hilo de la conversación o a reforzar lo que dice de una forma positiva, por ejemplo diciendo «claro» o «comprendo». Se pueden hacer preguntas si se considera que el expresar la respuesta puede darle más claridad al moribundo, pero no se extraerán conclusiones, ni se adoctrinará sobre lo que hay que hacer.

La doula del final de la vida o el cuidador se convierten en conductores capaces de redirigir la conversación cuando sea necesario —si es muy intensa, si se vuelve negativa...—. Con mucha delicadeza, pueden contribuir a que la persona vuelva a abordar su situación desde la relajación, la confianza y el optimismo.

6. Hacer reiki

Reiki significa energía vital universal. En la medicina oriental la enfermedad surge de los bloqueos energéticos, por eso se tiene en cuenta el estado de los campos biomagnéticos para analizar la salud de una persona. La palabra energía se traduce como «prana» en India, «chi» en China y «ki» en Japón y en cada país tratan de que fluya mediante diferentes técnicas, desde el yoga, al taichí, el chi kung o el reiki. En japonés, «rei» significa «poder superior, universal». El reiki es la fuente de energía que está dentro de cada ser vivo y el practicante de reiki la activa.

Explicado muy brevemente, el reiki es una terapia no invasiva y complementaria a la medicina tradicional, que se realiza mediante la imposición de manos —tocando el cuerpo o manteniendo cierta distancia— y que sirve para canalizar la energía de la persona, equilibrándola y armonizando los chakras. Es una técnica muy antigua procedente de Japón y que, como la medicina asiática, se sustenta en el hecho de que somos energía que debe estar siempre fluyendo. De acuerdo con el reiki, la enfermedad surge cuando se produce un bloqueo energético y la energía vital se estanca, lo que repercute en el cuerpo y el estado de ánimo. Aunque no se podrá sanar a quien se enfrenta a un estado terminal, el reiki contribuye a paliar el dolor, a conseguir una relajación profunda y, sobre todo, a que se entregue armónicamente a la transición haciendo que la energía fluya sin oponer resistencia.

Para explicar los beneficios del reiki hay quien se apoya en una de las leyes de la física cuántica: si la observación altera irremediablemente el campo cuántico observado, el reiki podría repercutir en la salud de alguien gracias a la fuerza del pensamiento y la intención en el campo biomagnético de la persona. No obstante, no es cuestión de filosofar en torno a temas que nadie puede corroborar, solo mostrar algunas herramientas que han probado ser efectivas en algunas ocasiones. Conseguir que el paciente se relaje durante una transición tan delicada ya es una razón de peso para que muchos hospitales de prestigio, como el Johns Hopkins o Mayo Clinic, lo hayan incorporado como parte de sus tratamientos en cuidados paliativos.

El reiki no es un poder o privilegio exclusivo de determinadas personas, sino que se aprende, se practica y se desarrolla. Consta de ciertos símbolos que se visualizan y mantras que se dicen interiormente mientras se hace la imposición de manos. Está al alcance de todos, pero hay que aprender a utilizarlo. Si se está familiarizado con la técnica, uno puede hacerse reiki a sí mismo, lo que resulta ideal, y en los casos de doulas del final de la vida o acompañantes, se puede ayudar mucho al paciente que se encuentra en la fase final. Una vez que se conecta con la persona que va a morir, la energía fluye allá donde más se necesita y en algunos casos el posicionamiento de manos, en lugar de seguir un orden, funciona de forma intuitiva.

Durante sesiones que pueden oscilar entre los 10 minutos y una hora de duración se guiará al moribundo hacia la energía universal y la luz a través de la sintonización, la meditación, los mantras y las visualizaciones, ayudando a liberar la tensión que se ha ido acumulando en el cuerpo, la mente y el corazón y a soltar el dolor almacenado. Los principios del reiki también se pueden compartir con el paciente para apoyarlo en su transición, o con los familiares, para ayudarlos a gestionar la aceptación de la situación que están viviendo, centrándose en el aquí y el ahora. Se establecen cinco principios: solo por hoy, no te enfades. Solo por hoy, no te preocupes. Solo por hoy, agradece. Solo por hoy, expande tu conciencia. Solo por hoy, sé amable con los demás.

Se cree que a medida que la muerte se aproxima los chakras van reduciendo su actividad progresivamente. Algunos aspectos a considerar cuando se practica reiki a pacientes que están en cuidados paliativos:

- Se empieza en orden inverso, de los pies a la cabeza, porque el primer chakra en apagarse es el de la raíz, que es el que nos sujeta a la tierra, y el último es el chakra de la corona, que está ligado a otra dimensión.
- Para empezar, se peinará el aura de abajo arriba tres veces. Después se hará reiki en los pies para desenraizar; luego en las rodillas, donde se acumula el miedo, y en el chakra del corazón para activar la circulación de la sangre.
- La mayor parte de la sesión se centrará en el último chakra, el de la corona, para ayudar a la expansión de la conciencia y a conectar con la energía universal, visualizando el color violeta claro o el blanco.
- Dos símbolos que pueden ayudar en la transición son el hon sha ze sho nen, para crear un puente hacia otra dimensión y el símbolo del fuego sagrado para guiar mientras se cruza.

- La energía reiki también puede aplicarse a distancia, lo que es maravilloso considerando que los horarios de visita son muy limitados. Es recomendable hacer una sesión a distancia cuando el paciente está durmiendo, ya que así tiene un mayor efecto. El practicante puede utilizar un muñeco para realizar las distintas posiciones de las manos a lo largo del cuerpo, una fotografía del paciente o visualizarlo después de haber escrito su nombre, apellidos y localización en un papel.

El resultado puede ser sutil o, a veces, se tienen experiencias muy potentes no solo para quien lo recibe directamente, sino también para aquellos que se encuentran alrededor y que se benefician del espacio energético de altas vibraciones que se crea, lleno de amor y buenas intenciones.

El funcionamiento inmediato de la energía reiki puede manifestarse con calor —se genera tal energía que las manos parece que queman—, sensación de electricidad, bostezos —que significan que la energía se está desbloqueando— o incluso lágrimas. Hay quien rompe en llanto cuando se desata un nudo energético, es una forma de expresar la liberación y el alivio que se ha producido. También puede producir un sueño profundo, largo y reparador, que es especialmente notable cuando la persona llevaba tiempo sin poder descansar.

En una ocasión acudí a un *hospice* en el barrio de Queens, Nueva York, donde estaba muriendo una mujer que sobrepasaba los ochenta años y que se encontraba en un estado de inconsciencia. Cuando llegué la acompañaba uno de sus nietos, un adolescente que permanecía cabizbajo, visiblemente afectado por la muerte inminente de su abuela. Me acerqué a ella. La mujer llevaba un pulsómetro que marcaba 132, lo que indicaba taquicardia. Aunque no se movía estaba en un estado de agitación, así que le pregunté a su nieto si le gustaría que le hiciera reiki a su abuela. Él no sabía lo que era. Cuando se lo expliqué, se encogió de hombros sin mirarme; era obvio que no me daba ningún crédito, pero con tal de que no la tocara se mostraba indiferente a lo que yo hiciera. Eso sí, cuando empecé a hacer reiki me miraba con muchísima atención, como se mira por primera vez a alguien que toca el theremín.

Hice una sesión completa sin ninguna prisa; me había desplazado solo para verla y no iba a visitar a ningún enfermo más. Cerré los ojos y me concentré en ella. No me detuve hasta que sentí que era suficiente, creo que pasaron en torno a ochenta o noventa minutos. Cuando volví a abrir los ojos me acerqué al pulsómetro: había bajado las pulsaciones a 96. El nieto se acercó para verlo. No daba crédito. De pronto, vi luz en sus ojos, una fe en algo que desconocía pero que respetaba. Honestamente, yo también estaba sorprendida. Fue la primera y única vez en mi vida que pude constatar fehacientemente el efecto que el reiki produce en alguien.

En otra ocasión visité a una mujer que ya llevaba una semana sin moverse ni abrir los ojos. Los familiares estaban muy afectados, discutían acaloradamente entre ellos cuando entré en la habitación. Me presenté y respondí al agresivo cuestionario de una de las hijas. Me miraba desafiante, a la defensiva, mientras su hermano se movía de un lado a otro de la habitación, enjugándose las lágrimas y mirando el teléfono móvil. Era uno de los casos en los que los familiares necesitan más ayuda que la persona que va a transicionar. Lo más importante era tranquilizarlos a ellos primero, porque su agitadísimo estado, casi iracundo, repercutía en el bienestar de la moribunda, que debía de estar no solo escuchando las conversaciones, sino también sintiendo el estrés que la situación estaba generando en sus seres queridos.

Me senté a hablar con la hija, más bien a escucharla. Dije muy poco, limitándome a responder escuetamente a lo que me preguntaba, pero las respuestas la fueron tranquilizando. El sosiego genera sosiego. Su hermano no intervino en la conversación, pero guardó el teléfono móvil en el bolsillo y se sentó a escucharnos con interés desde la distancia, en una esquina de la habitación, sin apartar la vista de nosotras. En un momento dado la hija dio un largo suspiró y pareció desinflarse, dejando ir mucha de la tensión que tenía acumulada. Sobrevino un cómodo silencio que inundó la habitación. Cuando comprendí que se había calmado, que ya no necesitaba decir nada más, le pregunté si podía hacerle reiki a su madre. Quería notar energéticamente cómo se encontraba, teniendo en cuenta el estrés que la había rodeado durante varios días. Ninguno de los dos hijos sabía lo que era el reiki, pero me había ganado su respeto y me permitieron que hiciera una sesión siempre y cuando pudieran estar presentes. Esta sesión duró unos veinte o treinta minutos, durante los cuales la paciente se movió varias veces. «¡Se está moviendo! ¡Se mueve!», recuerdo que exclamó la hija emocionada, quizá con la esperanza irracional de que su madre fuera poco a poco recuperándose. Sin embargo, lo que yo noté al terminar la sesión fue que la madre había empezado a transicionar, a salir de su cuerpo, percibía una paz muy profunda emanando de ella. Eso fue lo que les transmití a los hijos, que estaba en calma. Esa noche murió.

Pese a que son muchas las personas que corroboran los beneficios del reiki, hay que respetar el escepticismo, especialmente en un momento como el final de la vida en que tanto los familiares como el moribundo sienten las emociones a flor de piel. Por eso es conveniente practicarlo solo cuando quien va a morir lo solicite o, si ya no está consciente, hacerlo siempre contando con el beneplácito de los allegados.

7. Ayudar a aceptar que la muerte es inminente

Cuando acompañamos a alguien a morir es fundamental la sinceridad a la hora de responder a sus preguntas. Independientemente de lo que pensemos, hay que respetar que la persona que está muriendo tiene derecho a saberlo. No informar al moribundo de que su muerte es inminente es privarlo de la oportunidad de despedirse de sus seres queridos, de recordar su vida, de comunicar sus últimos deseos, de compartir lo que necesite y, en definitiva, de prepararse para su propia muerte. Por eso, siempre que el paciente lo pregunte se debe compartir toda la información que haya proporcionado el equipo médico.

Cuando la persona quiere tener información —conocer su estado, saber lo que dicen los médicos, cuáles son los resultados, el pronóstico...—, la doula del final de la vida o el cuidador pueden aprovechar el aperturismo para intentar hablar de la muerte que se aproxima y poder así averiguar en qué estado se encuentra el paciente. Algunas preguntas que pueden hacerse en este momento son:

- ¿Cómo te sientes?
- ¿Qué crees que te está pasando?
- ¿Qué crees que sucederá ahora?
- ¿Hay algo que te preocupe?

Si el moribundo quiere hablar de la muerte, es muy importante no cambiar de tema de conversación o zanjarlo con un tentador «todo irá bien», sino dejarlo hablar, escucharlo, darle la oportunidad de que exprese sus inquietudes sin juzgarlo ni intervenir en su proceso.

Si, por el contrario, el paciente quiere hablar sobre su muerte, pero nota que su acompañante no está preparado para afrontar la realidad, evitará hablar del tema y la comunicación quedará gravemente limitada en un momento crucial, donde hablar de la muerte y confrontarla sería lo más útil y liberador para la persona que está muriendo. Este silencio impositivo, este elefante en la habitación al final de la vida, puede hacer que el moribundo se sienta muy solo, desorientado y desamparado, en un momento en que la compañía debe ser también emocional y espiritual, no solo física.

8. Meditar o rezar durante la visita

Aunque meditar y rezar no son sinónimos, en este caso ocupan una función similar como generadores de una atmósfera relajada, equilibrando la energía de la habitación, armonizándola. Si el paciente es religioso, le aportará bienestar que se rece en voz alta. Si no lo es, meditando se puede aumentar la vibración interna y de los alrededores.

Meditar junto a la persona que está muriendo significa que, en cierta forma, estamos participando en su muerte.

Osho iba aún más allá, y con un pensamiento más radical explicaba que hay que morir junto a quien está muriendo. Para el filósofo hindú es una oportunidad para aprender y reconectar con nuestra esencia. Él invita a participar de la experiencia empatizando hasta tal punto que se produzca una fusión con el moribundo, permitiendo que la muerte nos ocurra a nosotros también en ese instante y podamos sentir lo que está sintiendo.

La filosofía budista cree que los últimos deseos de un moribundo son muy poderosos y que se reencarnará en el lugar y en el estado en el que esté pensando justo antes de morir. Si, por ejemplo, alguien muere enfadado o asustado, irá al mundo inferior de esos estados de conciencia. Por eso los budistas prestan mucha atención y cuidado a lo que piensan, para no crearlo, y recomiendan que, desde el momento en que uno sepa que va a morir, se empiece a meditar. Independientemente de las creencias particulares de cada uno, es recomendable que el acompañante ayude al moribundo a entrar en un estado de relajación. Una meditación guiada improvisada puede resultar útil en ese momento.

9. Leer en voz alta

Si la persona es religiosa, leerle pasajes de su libro sagrado con el que esté familiarizada suele tranquilizar —la Biblia, el Corán, la Torá...—. El budismo kadampa dispone de un libro de oraciones y mantras que puede resultar útil para estos momentos, se llama *El camino de la compasión para el difunto: oraciones para los moribundos y los difuntos*.

También se pueden leer extractos de otros textos espirituales que ayuden a esta transición, como *El libro tibetano de la vida y la muerte* o *El profeta*, de Khalil Gibran, que habla de la vida y la muerte de una manera muy sencilla y sabia.

Y siempre nos quedarán los poemas, porque como el poeta Antonio Gamoneda dijo en una ocasión, «la poesía se escribe desde la perspectiva de la muerte». La única precaución a considerar es que no todos los poemas que abordan la muerte son recomendables para leérselos a alguien que está muriendo. Hay que escogerlos con cautela, porque suelen contener una parte oscura si están escritos mientras se está procesando la mortalidad como forma de exorcizar el trauma —como podría ser «Altazor», de Huidobro, el «Vendrá la muerte y tendrá tus ojos», de Pavese o el libro completo *El padre*, de Sharon Olds—. Es conveniente evitar también aquellos poemas ensombrecidos por la desesperanza, como en el caso de muchos, sin embargo, gloriosos de Alejandra Pizarnik. Los poemas que necesitamos han de ser inspiradores y que, o bien levanten el ánimo, o bien ayuden a conciliar la situación y armonizarla, generando cierto sosiego en la persona que va a morir.

Algunos poemas que se me ocurren para ser leídos durante el acompañamiento podrían ser, por ejemplo «En los bosques de agua negra», de Mary Oliver; «Epitafio», de Juan Gelman; «No sabemos cómo decirnos adiós», de Anna Ajmátova; o «Epitafio», de Merrit Malloy. La poesía es muy personal, por eso, dependiendo de cada enfermo, funcionará mejor un determinado autor entre los que hayan ahondado más en el tema de la impermanencia.

Para poder ayudar hay que entender cada ámbito y ser cauto hasta que se adquiera experiencia suficiente para navegarlo sin hacer daño de forma accidental o inconsciente.

Acompañar en el final de la vida implica la responsabilidad de estar junto a alguien en un momento crucial y sagrado, ser consciente de que no hay margen de error y de que se puede impactar negativamente en alguien de forma irrevocable, considerando que es un momento muy delicado y que resulta muy fácil herir. Hay ciertas limitaciones que deben respetarse para servir de una forma íntegra y ética:

1. **Distanciamiento físico**

   Ya se trate de una doula del final de la vida o de un ser querido, es importante mantener siempre una distancia prudencial respecto al paciente terminal, para respetar su espacio y que no se sienta invadido por una presencia intimidatoria de la que no puede defenderse. Lo ideal es que seamos percibidos como una compañía agradable, sutil, un apoyo en un segundo plano. Evitando sentarse o hablarle demasiado cerca.

   Si la persona está consciente, siempre hay que pedir permiso antes de tocarla para tomar su mano o hacerle reiki. Solo en caso de que no pueda comunicarse verbalmente y no haya pedido previamente que se evite el contacto físico, podríamos tomarle la mano, pero siempre atendiendo a la reacción corporal. Si hay señales de agitación, de que la persona se siente molesta, oprimida o atemorizada, volveremos a mantener la distancia. La ayuda que brindamos es siempre un ofrecimiento, no una imposición.

2. Evitar aconsejar, no imponer nuestros gustos, criterios o creencias

Es importante recordar que nuestro cometido como acompañantes es escuchar y estar, no adoctrinar, y que por eso hemos de tratar de no defender ni imponer nuestras ideas, creencias o criterios, y evitar hablar negativamente de otros puntos de vista. La humildad será de gran ayuda para delimitar nuestras funciones y traernos de vuelta a una posición neutra, exenta de juicios. Cuanto menos opinemos, más posibilidades habrá de crear un ambiente propicio para morir en paz, más en sintonía con el alma que con la mente.

3. Evitar el apego

El apego es tan peligroso que en situaciones extremas se puede incluso morir de tristeza cuando perdemos a alguien que considerábamos esencial. Si no conocemos ningún caso de primera mano, puede que hayamos escuchado de parejas que mueren de forma muy seguida después de haber pasado una vida entera juntos. Se denomina síndrome de takotsubo (STK), o del corazón roto. La dependencia es tal que primero muere uno, y semanas, días, incluso horas después, el otro. El suceso tiene una explicación muy sencilla: si se desvanece lo que creíamos nuestro sostén o lo que daba sentido a nuestra vida, nos dejamos de esforzar por mantenernos a flote. El cuerpo siempre obedece a la mente, por eso la intención es tan crucial: cuando uno se rinde, el corazón se para. Sucede principalmente con parejas, pero también con relaciones paternofiliales, donde el *shock* emocional es más intenso. Por ejemplo, la actriz Debbie Reynolds murió un día después que su hija, Carrie Fisher —la inolvidable princesa Leia de *Star Wars*.

Sin necesidad de ir a los casos extremos, el apego sigue teniendo un impacto negativo en nuestras vidas. Las sacude promoviendo el desasosiego, la pena, la impotencia, el existencialismo. Y, sobre todo, interrumpe nuestra evolución, porque nos estanca en la no aceptación de la naturaleza de la vida.

El apego y la doula del final de la vida voluntaria

Muchos consideran que involucrarse emocionalmente en la relación con alguien es positivo, porque implica un mayor grado de atención, cariño y cuidado, pero es fundamental que se entienda que este punto no solo no es beneficioso para una *death doula*, sino que se considera descalificativo.

Las doulas del final de la vida son personas que han interiorizado y aceptado el proceso de morir como algo natural y que están preparadas para despedirse de alguien entendiendo que su tiempo en la tierra y en ese cuerpo ha terminado. El apego va fuertemente ligado al sufrimiento: uno se acostumbra a alguien, lo quiere en su vida y, por lo tanto, se resiste a la idea de perderlo, lo que no ayuda a que esa persona se vaya libremente, en paz. Por eso se establecen ciertas pautas de comportamiento que hay que respetar:

- En Estados Unidos se utiliza el concepto de *professional friendly*, ser un profesional amistoso, pero un profesional, al fin y al cabo, que, como el personal médico, debe mantenerse al margen de las implicaciones emocionales que podrían interponerse en su trabajo. Por eso es crucial mantener la distancia tanto con el paciente como con su familia.
- No se permite aceptar regalos, ya que uno está ofreciendo un servicio profesional de forma desinteresada, independientemente de quién lo reciba.
- No se permite dar el número de teléfono, el correo electrónico o la dirección de contacto, para evitar que el profesionalismo del servicio derive en una relación personal.

- No se permite llamar o visitar al paciente o la familia fuera del horario que se ha acordado, que suelen ser únicamente de una a dos horas semanales.
- Las visitas no pueden alargarse. Incluso cuando el paciente estuviera solo, si la doula del final de la vida ha superado sus dos horas de visita debe marcharse. Solo en caso de que el paciente esté muriendo de forma inminente y se encuentre solo, sumado a que la doula del final de la vida tenga, además, una formación más avanzada —preparación para acompañar en la vigilia de las últimas horas—, podría quedarse a acompañarlo.

En mi vida, trabajar el desapego ha sido una de las necesidades más inminentes y que más dolor me ha producido. Me considero una persona empática, compasiva, perceptiva, emocional y generosa, que son cualidades muy positivas en general, pero que están profundamente arraigadas al apego. Por eso, cuando en la formación para doula del final de la vida hicieron hincapié en el concepto de *professional friendly* algo dentro de mí se rebeló contra aquella constricción lastrante. Si yo estaba disponible y podía ayudar, ¿por qué tenía que limitarme a visitar al moribundo una vez por semana? ¿Por qué ni él ni su familia podían llamarme cuando lo necesitaran? ¿Por qué no podía aceptar una flor o un dulce si era su forma de agradecer? ¿Por qué tenía que haber reglas y limitaciones en un acto altruista, en un acto de amor? Les planteé todas y cada una de las dudas, consternada. Alcé mi mano una y otra vez, visiblemente incómoda. Pero las personas que me instruían llevaban décadas acompañando a otros a morir y todas estaban de acuerdo en que poner límites era algo fundamental. Acabé aceptando las condiciones a regañadientes, algo decepcionada, como sucede cuando se acepta algo que no se comparte. Se suele pensar que en nuestro caso será distinto, que, aunque los demás no hayan podido lidiar con ciertos obstáculos, nosotros sí que podremos. Que tendremos la fortaleza, la paciencia y el ímpetu de mantener nuestro equilibrio emocional intacto y que, sea cual sea la situación, nos sobrepondremos a ella.

Una vez terminada la formación había tres opciones:

1. Visitar regularmente a una única persona hasta que muriera —acudiendo a su domicilio particular;
2. Visitar a todos los pacientes de un *hospice*; o
3. Acompañar a los que se encontraban ingresados en el hospital y cuya muerte era inminente.

Como trabajar el desapego era mi asignatura pendiente y tenía muchas probabilidades de encariñarme con las personas a las que acompañaba, en mi primera asignación no me dieron a elegir, me dijeron que tenía que acudir a la planta de hospital. La humildad es clave para las doulas del final de la vida porque, aunque se tenga el convencimiento de poder lidiar con la situación —una arrogancia basada en la ignorancia—, hay que escuchar y valorar lo que nos dicen aquellos que hablan con conocimiento de causa. Fue muy duro ver a los enfermos en sus últimos días de vida, incluyendo los estertores y los procesos agónicos, pero acompañaba a personas a las que no volvería a ver y por las que no sentía apego y, en ese sentido, resultó más fácil para mí.

Con los años he ido comprendiendo que es importante conocer nuestros límites y respetarlos. En muchas ocasiones no son los otros, sino nosotros mismos los que abusamos de nuestra buena intención y nos exponemos a situaciones que nos sobrepasan. Por ejemplo, estar disponible más horas un día, o incluso más días a la semana una semana en concreto, no significa estar disponible siempre. Si se ha respondido al teléfono una vez a una hora que no correspondía, ¿cómo explicar al moribundo o a los familiares que no contestar no significa que no nos importen? Hay que ser capaz de acotar el tiempo que podemos dedicar a ayudar a los demás para que nuestra cotidianidad y nuestra vida personal no se vean alteradas negativamente ni giren en función a algo que hacemos voluntariamente.

El desgaste emocional es realmente intenso. En ocasiones, aunque se acompañe a alguien en su lecho de muerte solo cinco minutos, el impacto emocional puede dejarnos K.O para el resto del día o desencadenar una serie de pensamientos, recuerdos o miedos que nos dejen en un estado de desasosiego del que sea difícil salir.

No se debe menoscabar el efecto que ver a alguien muriendo puede tener en nosotros, por muy resistentes que nos sintamos.

Hay quien piensa que no conocer a la persona que está muriendo es como llevar un impermeable contra los afectos, pero como dice el proverbio latino acuñado por muchos «nada humano me es ajeno».

La doula profesional del final de la vida

Quien se dedique profesionalmente a acompañar a otros a morir se comprometerá a acompañar al moribundo en todo el proceso, así como a sus familiares, sirviéndoles de apoyo también en el duelo. Aunque la disponibilidad e implicación será algo negociable, la doula del final de la vida suele estar presente de una forma continua, generalmente a diario. Hay doulas del final de la vida que trabajan jornada laboral, aunque las horas sean distintas y siempre que surjan imprevistos.

Mantener la actitud *professional friendly* es crucial para no verse arrastradas por la marea de emociones, ya que, si todos están naufragando, ¿quién puede socorrer a nadie? Se necesita poner distancia para poder servir de ayuda a los demás.

El apego en el acompañante familiar o amigo

Vivian Gornick da una lección magistral sobre los apegos feroces en sus memorias, relatando la complejidad de las relaciones paternofiliales. En el libro describe la patológica relación con su madre: se quieren tanto como se repelen, pero su incapacidad de separarse genera una intensa codependencia tóxica. Al principio del libro recuerda lo que sentía a los ocho años:

> No sabía qué debía sentir y no había tenido tiempo de averiguarlo. En realidad, tenía miedo. No me negaba a tener miedo. Supongo que es una reacción tan buena como cualquier otra. Solo que tener miedo imponía ciertas responsabilidades. Por ejemplo, implicaba no apartar un segundo los ojos de mi madre. Nunca lloré. Ni una sola vez (...) mamá puede irse en cualquier momento. Si lloro, no podré verla. Si no la veo, desaparecerá. Y entonces me quedaré sola.[8]

Y paseamos de la mano con ella y con su madre por las calles del Bronx hasta el final, cuando su ya octogenaria madre se atreve a decirle «con una voz sorprendentemente libre de emoción, una voz distanciada, curiosa, que solo desea recabar información (...) ¿Por qué no te vas ya? ¿Por qué no te apartas de mi vida? No voy a detenerte».[9]

Nos apegamos a los seres queridos porque nuestra identidad está construida con ellos. Si perdemos a alguien a quien amamos, que forma parte de nuestra cotidianidad, una parte de nuestro mundo también se derrumba. El dolor es egoísta, nuestro desgarro proviene de concebir la muerte del

---

[8] Vivian Gornick, *Apegos feroces*, Sexto Piso, Madrid, 2017, p. 76.

[9] Ibid, p. 226.

otro como un abandono, o incluso una traición, seguido de la sensación de vacío existencial. Contemplamos el proceso como una pérdida «nuestra» y, en ese sentido, desde un punto de vista egoísta. Es como si nos amputaran una pierna o un brazo. Es una agresión que se vive además con la tristeza anticipada de lo que va a suceder. Lo sano es permitirnos sentir la pérdida y llorarla, pero es importante diferenciar entre el dolor y el sufrimiento.

¿Cómo sobreponernos al apego de un ser querido que va a morir?

- Conectando con quienes somos, con nuestra identidad como seres individuales. Si solo «somos» en función de otra persona, es normal que nos sintamos desprotegidos, desamparados, perdidos, si esa persona desaparece de la escena. Esto se aplica no solo a la muerte, sino a rupturas de pareja o procesos vitales donde las circunstancias de la vida nos alejan de quienes estaban muy unidos a nosotros.
- Aceptando la situación. Tarde o temprano, todos moriremos, forma parte del ciclo de la vida, no hay manera de evitarlo. Si nos detenemos en el dolor, nuestra existencia dejará de fluir y eso significa que no solo habremos perdido a la persona que acaba de morir, sino que perderemos nuestra oportunidad de vivir en plenitud. Es importante tener un círculo de apoyo, una comunidad que pueda ayudarnos a salir adelante.

- Haciendo acopio de nuestra fuerza de voluntad para volver a estar bien. La intención y la predisposición serán determinantes para agilizar el proceso de sanación emocional. Como dice el proverbio, si se quiere, se puede. Es importante querer estar bien, no detenerse, seguir hacia adelante. Muchas personas con tendencia a la depresión pueden desarmarse ante eventos de esta índole que les ofrecen una excusa para posicionarse como víctimas. Si este es el caso del acompañante, es muy importante que se proteja de antemano, proveyéndose de los recursos y la ayuda profesional necesaria para no caer.

Acompañar a un ser querido que está muriendo implica dos ámbitos que han de ser tenidos en cuenta.

- El primero es cuidar al enfermo en estado terminal preocupándose de la alimentación, la medicación, la gestión del dolor y del descanso, lo que requiere de mucha atención, objetividad y mantener una mente fría que permita recordar todo lo necesario para ser no solo funcional, sino también eficiente. En este aspecto se incluye la comunicación con el personal médico y con otros seres queridos afectados por el proceso, que ha de ser lo más detallada y neutral posible.
- Por otro lado, hemos de tener en cuenta un aspecto tan importante como delicado: la atención al proce-

so psicológico, emocional y espiritual del ser querido. Muchos familiares ejecutan lo que se considera un apego evitativo, que es atender a los cuidados del enfermo terminal evitando las emociones de la persona que está muriendo. Por lo general, no se sienten capaces de gestionarlas porque ni ellos mismos pueden controlar sus emociones o procesar lo que está sucediendo. Al sentirse vulnerables reaccionan cerrándose. Es un proceso entendible, pero al rechazar una comunicación más íntima con el paciente terminal, se le está impidiendo que se desahogue y que manifieste sus pensamientos y sentimientos. Es decir, se le está privando de compartir el final de su vida. Por eso, los seres queridos del moribundo deben prepararse con antelación, trabajar sus miedos y poder convertirse en un apoyo sólido a nivel de cuidados físicos y espirituales.

- Es fundamental que sean capaces de decirle a la persona que va a morir que puede irse en paz. Lamentablemente, son muchos los que, no pudiendo aceptar que su ser querido va a morir, le instan a seguir luchando y aferrarse a la vida. Cuando el proceso de muerte ya ha dado comienzo resistirse solo produce sufrimiento para la persona que va a morir y para los que le rodean. Para no contrariar a sus seres queridos, el moribundo tratará de luchar, cuando lo que en verdad necesita es descansar. Por eso es crucial que sus familiares le den el beneplácito, lo dejen ir, y lo ayuden a morir en paz, tranquilizándole, haciéndole ver que ellos, los que se quedan, estarán bien. Pero es algo que no se puede hacer si no se supera la dependencia emocional, por eso es prioritaria.

4. Evitar cuestionar las intervenciones o decisiones médicas

Doulas del final de la vida

Independientemente de que la doula del final de la vida sea una persona con conocimientos médicos su cometido no es interceder en la toma de decisiones, sino acompañar al paciente terminal en su transición final hacia la muerte. Por eso, nunca deberá opinar ni cuestionar las decisiones en relación a los procesos y medicaciones que se le administran.

Seres queridos

Lo ideal es que todos tengamos una última voluntad anticipada o un testamento vitalicio donde consten por escrito nuestras preferencias para que se tengan en cuenta en caso de que nos sobrevenga una enfermedad o un accidente que nos impida la comunicación o la toma de decisiones conscientes. En el caso de que el enfermo terminal lo tenga, este documento debe ser siempre respetado, independientemente de que los familiares estén en desacuerdo con las opciones. Por ejemplo, muchas personas no quieren ser reanimadas o prefieren que se les desconecte la respiración asistida si caen en un estado de coma, pero llegado el momento, suele suceder que los hijos traten de prolongar la vida de su progenitor. Esto sucede porque todavía están en proceso de negación y no pueden aceptar que la muerte de su ser querido es inminente. En este mismo sentido, son muchos los familiares que se rebelan contra la decisión de un enfermo terminal de cáncer que se niega a recibir un tratamiento, porque considera que las consecuencias de la quimioterapia afectarán a la calidad de la vida que le quede. En estos casos hay que recordar que la vida del otro no nos pertenece y que se trata de una decisión muy personal que hay que respetar, pese a que nosotros quisiéramos que la persona que está muriendo viviera siempre.

A este respecto, la Asamblea Parlamentaria del Consejo de Europa, en sus Recomendaciones sobre Protección de los Derechos Humanos y la Dignidad de los enfermos terminales y moribundos señalaba en su Recomendación 779 que «prolongar la vida no debe ser, en sí mismo, el fin exclusivo de la práctica médica, que debe ocuparse igualmente por el alivio del sufrimiento». La medicina ayurveda, considerada la más antigua del mundo, no interfiere en el proceso de muerte, por eso desde su perspectiva no se concibe la reanimación. El derecho a una muerte digna es un derecho universal.

5. Evitar juzgar a los ausentes

Doulas del final de la vida

Puede suceder que a la doula del final de la vida le extrañe —y hasta le indigne— observar determinados casos de pacientes terminales que, aun teniendo familia —hijos, nietos, sobrinos, incluso pareja—, se encuentran solos y no reciben visitas pese a su estado. Pero eso es algo que no nos compete. Emitir juicios solo nos generará impotencia e incomodidad. Además, nos faltará siempre información: desconocemos las dinámicas familiares, que suelen ser complejas, las relaciones del paciente con su entorno y cómo se ha comportado durante su vida.

En estos casos es conveniente recordar cuál es nuestro propósito: acompañar al moribundo de forma genuina, independientemente de quién sea, de lo que haya dicho o hecho, de si esté solo o con familia presente.

En caso de que la muerte del paciente sea inminente, se puede alertar a la trabajadora social asociada al caso, para que haga las llamadas pertinentes y dé la oportunidad a los allegados de estar ahí, si así lo quieren.

Seres queridos

La inminente muerte de un ser querido puede abrir una caja de Pandora que saque a la luz todos los trapos sucios familiares. Con frecuencia, el proceso de enfermedad y el de muerte se convierten en una competición en la que se lucha por ver quién hace qué y durante más tiempo, quizás con la intención de señalar que quien está más presente es quien más quiere al moribundo. Pero también propicia que muchos allegados busquen excusas para escaquearse, o que directamente se desentiendan sin dar explicaciones. En un contexto donde las emociones están a flor de piel, esto no hace sino profundizar en las heridas y agravar la sensación de malestar.

Se forman también conspiraciones, una especie de alianzas contra un enemigo en común, que tiene su explicación psicológica: la del chivo expiatorio que permite canalizar la rabia y la frustración persistentes. También se da un continuo posicionamiento del «yo», desde la superioridad moral: «Como estoy presente significa que soy mejor que el que no está». Y, en definitiva, se generan muchas dinámicas que poco tienen que ver con la transición de la persona que va a morir y con cómo se despedirán de ella.

Acompañar a alguien en su proceso de muerte es un acto de amor y altruismo entre nosotros y la persona que va a morir en un momento sagrado. Todo lo que no tenga que ver con eso sobra, es ruido.

6. No mentir, ocultar información o inducir al engaño

La enfermera de cuidados paliativos Kathy Kalina expresa muy bien el código ético y moral que debe estar presente en todo aquel que acompañe a alguien a morir.

> Al final de la vida de alguien todas las viejas máscaras y convenciones sociales se desvanecen. Estás tratando con un ser humano auténtico, y para corresponderle debes ser auténtico/a también.[10]

La verdad debe ser dicha con cautela, gradualmente y a medida que el moribundo quiera saberla. Se puede ir dosificando para dar tiempo a que se procese, que es la mejor forma de cuidar el estado emocional de la persona que va a morir. Pero en ningún caso se le debe mentir, dar falsas esperanzas u ocultar información, especialmente si él o ella presiente que algo no va bien y solo quiere corroborarlo.

Negarle la información o los detalles de su estado a alguien que va a morir no se hace con mala intención, si no que, por el contrario, se cree que se está protegiendo al paciente de algo que no está preparado para procesar. El problema es que es una asunción peligrosa, porque lo que creemos no tiene por qué corresponderse con la realidad y no se puede demostrar que conocer la verdad incida negativamente en el enfermo. Además, cuando el paciente demanda información es porque quiere saber qué está ocurriendo. Se ha constatado que la mayor parte de las veces el enfermo terminal sospecha de la gravedad del estado en que se encuentra, y si pregunta es porque quiere constatarlo y hablar sobre ello. En estos casos lo mejor es confirmar sus impresiones de

---

[10] Kathy, Kalina, *Midwife for Souls*, Pauline Books & Media, Boston, 1993, p. 124.

una forma suave, haciendo hincapié en que estaremos a su lado en todo momento. Si no se le dice la verdad, perderá el respeto y la confianza que había depositado en nosotros y, además, lo estaremos privando de su derecho a despedirse de sus seres queridos y de la vida, de mentalizarse de que su transición es inminente.

Lamentablemente, con frecuencia, los acompañantes mienten. Se aferran a las mentiras piadosas o a las medias verdades y tratan de autoconvencerse de que la ocultación es por el bien del otro, para evitarle sufrimiento, aunque en realidad sean ellos los que aún no pueden procesar lo que está ocurriendo. Esta ocultación no es maliciosa, y, además, es muy humana, pero es egoísta y cobarde. Hay que recordar siempre que, aunque también nos afecte, quien está muriendo es el otro y hay que darle prioridad a sus preferencias en todo lo que compete a su enfermedad y a su muerte.

Decirle la verdad al enfermo terminal es una cuestión de decencia, respeto y dignidad. Nos remontamos a una popular frase bíblica «la verdad os hará libres», porque, en cierta forma, la verdad da libertad y apacigua —al dar cierto control sobre las circunstancias—, ayudando a que el moribundo pueda afrontar su muerte con dignidad, resolviendo los asuntos pendientes, despidiéndose de sus seres queridos y procesando que ha llegado al final de su vida.

7. Proteger la privacidad de la persona

Por una cuestión de respeto, honor y dignidad, si se es una doula del final de la vida profesional o voluntaria se debe proteger la privacidad del paciente en todo momento. Una forma de hacerlo es no compartir con terceros la información personal del enfermo o, si nos encontramos en un espacio público, referirnos a él utilizando solo el nombre, nunca el apellido.

Las cinco etapas del duelo y cómo afrontarlas

Cuando hablamos de cuidados paliativos, la referencia incuestionable es Elisabeth Kübler-Ross, a la que hemos mencionado anteriormente. Entre sus aportaciones más notorias está un modelo que fue denominado «Kübler-Ross» o «Las cinco etapas de duelo», que fue presentado en 1969 y que establece cuál es el proceso del ser humano para lidiar con la noticia de una enfermedad terminal o de una pérdida trágica. El conocimiento de la existencia de estos estadios dinámicos permite que podamos ayudar a quien está muriendo o a sus seres queridos a lidiar con su conflicto emocional con empatía y compasión. Aunque no se deben acelerar ninguna de las etapas —y no siempre se cumplen todas ni tienen por qué ir en orden—, el objetivo del acompañante es ayudar a que la muerte se pueda confrontar de una forma sana y que el final de la vida sea lo más armonioso posible

—pacífico y exento de tristeza—. Tener nuestra meta presente nos ayudará a reconducir las conversaciones, así como a llenarnos de amor y de paciencia en cada una de las fases de este proceso.

1. *La negación.* Se trata del primer mecanismo de defensa que se activa. La negación de la realidad implica incredulidad, rechazo a lo que está aconteciendo, autoengaño, no hacer preguntas sobre la enfermedad —no querer saber—, ignorar al doctor. «Esto no puede ser verdad». «Estoy bien», etc.

   En estos casos una doula del final de la vida no debe reconfortar al individuo en su negación, ya que, aunque queramos que se sienta mejor, nuestro objetivo es ayudarlo a enfrentarse a la realidad lo antes posible.

   No debemos dar falsas expectativas ni forzar una conversación que no fluye; lo principal es escuchar y mostrarle nuestra predisposición para ayudar en lo que necesite. Hablar de un tratamiento o del tema que el individuo prefiere ignorar supone la provocación de una confrontación innecesaria que nos distancie del paciente, que ya no confiará en nosotros. Sin embargo, sí que podemos decir «date tiempo y espacio para asimilarlo», «estoy aquí si me necesitas», «en lo que te pueda ayudar, aquí estoy».

2. *La ira, el enfado.* Una vez que la persona ya no puede seguir negando lo que ocurre, que la realidad es la que

es, reacciona con enfado ante lo que considera injusto que le esté sucediendo. Reacciona con rencor, con cólera, y todo lo que está bien a su alrededor le genera un sentimiento de envidia y rechazo. Es el conocido: «¿Por qué yo?». Esta fase se caracteriza por la impaciencia, la irritabilidad, la desesperación, el distanciamiento de los seres queridos, el llanto, los gritos y la falta de fe.

En esta etapa el individuo probablemente no esté receptivo para el diálogo ya que todo será considerado una ofensa, por lo que la doula del final de la vida quizá solo pueda acompañar, si se le permite.

3. *La negociación.* Esta tercera fase es muy breve y consiste en un último intento que la persona hace para tratar de cambiar lo que le ha tocado vivir. Se trata de un juego infantil en el que trata de hacer un trueque desesperado con un poder superior, diciéndole que, si le permite vivir o curarse o sobrepasar ese momento, hará algo notorio a cambio. Se trata de una especie de rezo en el que se implora una absolución.

   Si escuchas al individuo lamentarse de no haber hecho una cosa o la otra, lo que lo hubiera salvado de las circunstancias que está viviendo, puedes contestar: «No estaba en tus manos», «eso es el pasado», «quizá podamos centrarnos en lo que sí podemos hacer a partir de ahora», «no es bueno que te machaques/atormentes. Ahora, perdónate».

4. *La depresión.* Cuando el individuo entra en esta etapa ya ha comprendido que no hay escapatoria a su realidad —la enfermedad es terminal— y, por tanto, arrastrado por la impotencia, cae en un periodo de abatimiento y desolación. El individuo se aislará y probablemente deje de comunicarse. Es posible que en casos más severos no esté receptivo ni siquiera a la compañía; si es así, habrá que darle tiempo para que asimile su situación.

El papel de la doula del final de la vida en esta fase es muy delicado. No se debe forzar a la persona a cambiar de humor, sonreír o estar positivo si está en un proceso de interiorización tan profundo; de hecho, una alegría excesiva resultará disonante y significará que la doula del final de la vida no tiene ninguna empatía ni respeto por el momento que el individuo está atravesando. En estos casos, acompañar en silencio, si se le permite, es lo mejor que puede hacerse, para que la persona sepa que no está sola. Incluso se puede tratar de tomarle la mano, para mostrar más acercamiento. Se trata de un acompañamiento en el duelo.

Si el individuo empieza a salir de su letargo y a formular preguntas amargas o retóricas para exteriorizar su melancolía y desinterés por el mundo, como por ejemplo: «¿De qué sirve seguir viviendo?» o «¿por qué no me muero ya?», la doula del final de la vida podrá, de forma muy prudente, responder y tratar de ayudarle a abrirse y exteriorizar sus sentimientos. Es un camino pedregoso, ya que la doula del final de la vida no debe dar su opinión ni establecer juicios o dar consejos, sino simplemente invitar al aperturismo. Podría decirle algo como: «¿Por qué piensas eso? ¿Cómo te sientes? ¿Qué puedo hacer para que te sientas mejor?». O: «Siendo esta la situación, ¿qué te aliviaría?».

5. *La aceptación.* Se trata de la etapa final, cuando al aceptar la realidad, el individuo deja de oponer resistencia y recibe su final con relativa tranquilidad. Es la etapa de madurez. Esta aceptación puede suceder para bien o para mal. Hay quienes sienten paz y son capaces de hablar con sus familiares y normalizar su situación. También los hay que se aíslan completamente, puesto que ya han dejado de luchar, se han rendido y el presente deja de interesarles. En estos casos, la doula del final de la vida podrá ayudar tratando de iniciar conversaciones que les inviten a exteriorizar sus sentimientos como ya hizo con la fase de depresión. Frases de ánimo, por ejemplo: «No estás solo» o «estamos todos contigo» pueden resultar alentadoras.

   En cualquier caso, es importante recordar que muchas personas necesitan tiempo y confianza para empezar a hablar de cómo se sienten. Algunos creyentes son capaces de abrirse de inmediato ante una figura religiosa, como puede ser un cura que venga a visitarlos, pero se muestran herméticos con los seres queridos, también como una forma de protegerlos de su sufrimiento o su duda.

El denominador común de cada una de estas etapas es cierta esperanza. La doula del final de la vida debe centrar sus esfuerzos en activar esa esperanza en todas sus preguntas y respuestas.

CÓMO SABER EN QUÉ ESTADIO SE ENCUENTRA EL PACIENTE TERMINAL

No se puede predecir con exactitud cuándo va a morir alguien; cada persona y cada proceso es distinto, pero hay signos que denotan que la muerte se va aproximando y que podemos utilizar como referencia para saber cómo lidiar con la situación del paciente en cada momento.

Los últimos días y especialmente las últimas horas de la vida de alguien son sagradas y cruciales. Se estima que solo un 10 por ciento de las personas mueren de forma repentina, el resto, un 90 por ciento, se va deteriorando de manera gradual. Por eso, el cuidado y el cariño que recibamos en esta última fase es muy importante para que la transición sea lo más suave posible. Si tenemos conciencia, una vez identificado el estadio donde nos encontramos y rodeados de las personas adecuadas, podremos despedirnos de nuestros seres queridos, recordar lo más significativo de nuestras vidas, reconciliarnos con el pasado perdonando y pidiendo perdón, y agradecer la experiencia. Esto nos ayudará a morir en paz.

Pero una vez que el proceso ha dado comienzo puede acelerarse y consumirse muy rápido, por lo que es conveniente familiarizarse con los estadios, ya que cada minuto cuenta y no habrá segundas oportunidades.

En el acompañamiento al moribundo hay que tener en cuenta no solo el aspecto físico —la medicación, los cuidados paliativos—, sino también el psicológico, el social y el espiritual. La atención, el escuchar, acompañar y dar amor incondicionalmente al que está muriendo serán las claves para cubrir todas sus necesidades emocionales.

Morir no es una ciencia exacta, cada persona es un mundo, por eso las características que enumero a continuación son meramente orientativas.

En torno a un mes antes de morir

- Aislamiento, desinterés. Comienzan a hablar menos y sobre todo dejan de manifestar interés por cosas que antes les gustaban o que formaban parte de su rutina. Parecen no escuchar, como si estuvieran absortos, inalcanzables. Dejan de sentir la necesidad de comunicarse y les deja de importar también saber qué hora es.
- Comen menos. El metabolismo se va ralentizando y paulatinamente el paciente terminal sentirá una menor

necesidad de comer, o empezará a rechazar aquellas cosas que resulten más difíciles de digerir. Este rechazo gradual irá en aumento.

- Duermen más. El cuerpo está cambiando su uso de la energía, por eso habrá una necesidad mayor de descanso.
- Qué podemos hacer. Nuestro objetivo es ayudar a que la persona que está muriendo esté lo más cómoda posible dentro de las circunstancias. Es recomendable:
    - Cambiar las sábanas al menos dos veces por semana para que estén siempre frescas y limpias.
    - Colocar almohadas, preferentemente de goma espuma que puede adaptarse mejor.
    - Ayudarle a cambiar de posición con frecuencia para evitar el dolor de músculos debido a la falta de movimiento. Al hacerlo, es conveniente prestar atención en busca de enrojecimientos o de aparición de llagas en la piel y, en ese caso, avisar al equipo de enfermería para que ayude a tratarlos.
    - Posicionar la cabeza del enfermo terminal de forma que se le facilite la respiración. Lo ideal es que esté un poco levantada o inclinada hacia un lado.

De una a dos semanas antes de morir

- Desorientación. Se puede apreciar cierta confusión entre la vida y el sueño, como si el paciente comenzará a estar sumido en un limbo, que es el preámbulo a la transición. La persona pasa la mayor parte del tiempo durmiendo y cuando está despierta no parece tener una conciencia completa, incluso puede que no reconozca a quienes están acompañándole. ¿Cómo podemos ayudarle? Diciéndole dónde está, qué está pasando, quiénes somos y qué estamos haciendo. Por ejemplo, si queremos cambiarle de posición es importante informarle de lo que vamos a hacer, para que no se asuste: «Ahora voy a bajarte un poquito la cama» o «ahora te daremos la medicación para que te sientas mejor».

- Agitación. Parecen incómodos en su cuerpo, se mueven inquietos, molestos. En estos casos los podemos tranquilizar sosteniendo sus manos; de esta forma les transmitiremos tranquilidad. También podemos hablarles despacio, vocalizando con claridad, poner música relajante de ambiente o leerles en voz alta.
- Pueden sufrir delirios. Una agitación intensa como forma de rebelarse al final del ciclo de la vida, de la misma manera que al nacer se llora. Entre estas alucinaciones también pueden darse manías persecutorias o ilusiones de grandeza. En estos casos es importante decir el nombre del paciente y luego identificarse antes de intentar reorientarlos con suavidad, en un tono bajo y reconfortante. No es conveniente corregir lo que dicen, sino seguirles el hilo e ir introduciendo elementos de realidad con los que el paciente pueda identificarse: recuerdos, lugares, personas

o actividades que le gusten. También se puede indicar la hora que es, el día y el lugar donde se encuentran. La medicación —excepto los opiáceos— puede disminuir tanto las alucinaciones como la agitación, ayudándoles a tranquilizarse.

- Comienzan a tener conversaciones con personas que no están en la habitación, desconocidos o seres queridos que ya han muerto. Es común que llamen con frecuencia a su madre —en cierta forma, podemos decir que al morir volvemos a nuestra madre—. Estas experiencias son comunes en la transición de la vida a la muerte. No discuta o trate de justificar la experiencia. Muy a menudo, estas visiones son reconfortantes.
- Buscan cosas en el aire y tratan de asirlas.
- Se quejan de cansancio y pesadez.
- La presión sanguínea suele bajar.
- La temperatura corporal cambia, fluctúa entre periodos de fiebre o de frialdad, y es frecuente que la persona sude y sea necesario cambiarle continuamente de ropa. Pero, por lo general, irá paulatinamente bajando, al igual que la presión sanguínea, que será cada vez menor.
- La piel palidece porque la circulación sanguínea empieza a fallar.
- A veces se empieza a percibir un sonido ronco en los pulmones y la garganta porque la respiración comienza a ser dificultosa. Para ayudarlo, podemos mover suavemente el cuerpo o la cabeza hacia un lado. La cara cambia: los

pómulos y los ojos se hunden, de forma que comienza a adoptar la forma de una calavera, el rostro de la muerte.

- La boca comienza a torcerse hacia uno de los lados.
- Dejan de comer. El uso de una sonda en estas circunstancias, cuando el paciente deja de mostrar interés por la comida, es controvertido. No es recomendable forzar la ingestión de comida, porque el cuerpo sabiamente se está preparando para morir y la pérdida del apetito es una fase más del proceso de muerte. Sin embargo, es una decisión muy delicada que han de tomar los seres queridos de la persona que está muriendo, si el paciente no ha manifestado su preferencia antes.

Aún es vívido el recuerdo que tengo de una mujer, de unos cuarenta años, que, entre lágrimas de desesperación, trataba de alimentar a su madre moribunda con una cucharilla de café. «La están dejando morir. Se está muriendo de inanición», se lamentaba angustiada, «dicen que ya no quiere comer, pero no es verdad. De vez en cuando mi madre abre la boca y traga un poquito de lo que le doy. Son las enfermeras que no tienen paciencia y prefieren matarla. No es justo. Imagínese que fuera su madre». Yo pensaba en la muerte paulatina de mi abuela materna. Recuerdo que en sus últimos días también rehusaba comer, pero mi tía no se daba por vencida y seguía insistiéndole. «Le he comprado sus yogures favoritos», me explicaba mientras ponía una cucharada delante de la boca de mi abuela, rozando la desesperación. «Venga, que estos te encantan», le suplicaba. Mi abuela abría la boca y trataba de tragar para no contrariarla, pero su cuerpo se estaba preparando para el final y ya no podía deglutir. Se atragantaba. Tosía. Resultaba muy doloroso presenciarlo. En este sentido, los seres queridos pueden entorpecer el final de una persona, interviniendo en un proceso que es sabio y natural. Por eso es esencial aceptar la situación y observar al paciente, cuyo estado nos irá informando de cómo actuar.

- Suelen adelgazar debido a la pérdida de masa muscular.
- La piel se vuelve violácea y aparecen manchas porque el corazón ya no es capaz de bombear.
- La orina disminuye y cambia de color, oscureciéndose o volviéndose rojiza debido a las toxinas. Además, ya no tienen control de los esfínteres por lo que hay que cuidar constantemente de que estén secos y para ello se pueden usar pañales, sondas y protectores del colchón. La doula del final de la vida no ha de hacer el cambio, pero puede avisar de que el paciente está mojado. La misma incontinencia afecta en la defecación, que ya no son capaces de controlar. Este es un aspecto muy sensible y hay que estar muy alerta para preservar en todo momento la dignidad de la persona que está muriendo.
- A veces necesitan estar con la garganta estirada y la cabeza hacia atrás para facilitar la deglución si padecen disfagia.
- Cuando se han dado todos los parámetros anteriores hay que tener en cuenta que:

- En esta fase, el enfermo terminal ya sabe que está muriendo. En un momento tan delicado hay que elegir cuidadosamente las palabras con las que nos comunicamos, pero lo esencial es conducir la conversación para que la persona que está muriendo pueda manifestar sus emociones y sus últimos deseos. Es el momento de avisar al círculo más íntimo de la persona que va a morir y coordinar breves visitas para que puedan despedirse.

  La situación no propicia largas conversaciones, lo importante es estar presente y tener la oportunidad de un último adiós. La interacción ha de reducirse a lo esencial, unas palabras valiosas que resuman todo son más que suficientes para alentar, tranquilizar y demostrar el amor. «Gracias por todos los momentos que hemos compartido». «Te echaré mucho de menos», «Te quiero y te tendré siempre presente». Si las visitas no son posibles, el acompañante puede recopilar los mensajes de los familiares y amigos y leérselos al moribundo en voz alta.
- Para que se sienta más cómodo es recomendable que se ayude al enfermo terminal a cambiar su posición cada dos horas, o masajearle el cuerpo con suavidad.
- Para evitar la sequedad de la boca, si el paciente terminal ya no puede deglutir, podremos ponerle un bálsamo o mojarle los labios con una esponja.
- Hay que mantener íntegra la dignidad del paciente hasta el final, por eso es conveniente peinarlos, hidra-

tar su piel con alguna crema sin alcohol —para evitar que la piel se reseque aún más.

De un día a tres antes de morir

- Se produce un súbito aumento de energía. Aumenta la capacidad de movimiento o de socialización. Por ejemplo, una persona que estaba tumbada en una cama se siente capaz de repente de levantarse e intentar caminar. O si había estado en silencio, de pronto, habla. También sucede que alguien que se comunicaba de forma incoherente o que sufría lapsus de memoria, recupere temporalmente su lucidez, incluso su sentido del humor. O que tenga un inusual apetito después de haber pasado varios días rechazando la comida.

  Esta especie de despertar conlleva esperanza a la familia que no sabe identificarlo como parte del proceso de la muerte. Por eso la doula del final de la vida puede educar a los familiares avisándoles de que se trata de un paso común los días previos al fallecimiento, pero que pueden aprovechar este momento para despedirse.
- Dejan de comer y beber. Podemos ayudarlos humedeciendo los labios con una esponja o un trozo de hielo, o aplicándoles vaselina.
- Qué decirle a la persona que está muriendo. Se puede decir «vete en paz, gracias por todo». Y si el acompañan-

te es un ser querido lo ideal es que le transmita todo el amor posible al moribundo durante sus momentos de agonía, añadiendo: «Estamos todos contigo». «Te queremos muchísimo, confía».

Últimas horas

En las últimas horas no es recomendable cambiar la posición del moribundo. O, hacerlo solamente cada ocho o doce horas si podemos procurarle cierto alivio.

- No son capaces de deglutir.
- No responden, no se comunican.
- Incluso cuando los ojos —que adoptan un aspecto vidrioso— están abiertos ya no son capaces de ver.
- Los labios se tornan azulados y las manos se enfrían.
- Las manos, pies y rodillas comienzan a hincharse.
- Bajan las pulsaciones hasta el punto de que son difíciles de encontrar.
- Dejan de orinar.
- Se produce lo que se ha denominado el estertor agónico o el ruido de la muerte, un fuerte ronquido, que se asemeja a un borboteo en la garganta y que indica que hay problemas para tragar saliva.
- La respiración se irá haciendo más lenta e irregular, con periodos de apnea que se irán repitiendo cada

vez más. Las paradas pueden llegar a durar hasta cuarenta y cinco segundos.

Al morir

Aunque no hay mucha gente interesada en saber qué le sucede físicamente al cuerpo al morir, creo que es siempre enriquecedor familiarizarse con este proceso para afrontar este momento con la mayor información posible y que no nos impacten aún más ciertos aspectos. Por ejemplo, es común que la persona defeque y, a partir de las dos horas después de morir y en menos de veinticuatro horas, se produce lo que se denomina *rigor mortis*: el endurecimiento completo del cuerpo incluyendo los párpados. Esta última expresión puede resultar muy cruel. A veces la persona a la que hemos amado adopta un rictus para la eternidad que puede horrorizarnos, porque expresa miedo y sufrimiento. Pero, en cualquier caso, este último gesto suele decepcionar porque es muy difícil reconocer al ser amado vivo en el cuerpo muerto. Este punto es para mí sustancial, porque implica que es el alma lo que da vida al cuerpo, energizándolo y transformándolo. El cadáver, aunque sirve para atestiguar lo que ha ocurrido y darnos realidad, a veces entorpece nuestro recuerdo, no nos aporta nada porque es algo hueco.

A la vez tienen lugar otros procesos: el cuerpo se amorata debido a la coagulación de sangre en determinadas zonas

—*livor mortis*— y se enfría hasta adoptar la temperatura del ambiente —*algor mortis*—. Pero en nuestra tradición, los cadáveres se exponen en vitrinas para poder ser contemplados por última vez durante el velatorio, por eso, los tanatorios tratan de frenar el proceso de descomposición manteniendo los cuerpos sin vida a bajas temperaturas, que oscilan entre los 0 y los 5 grados bajo cero. Esto contribuye a que el último beso que le damos a la persona ya muerta nos impacte aún más por la sensación gélida, como si la piel fuera mármol. Y para eso no se suele estar preparado. Nos hemos educado más en la visión de los muertos, pero no tanto en las repercusiones del tacto.

También es importante recordar que los músculos aún pueden contraerse produciendo ciertos movimientos, pero el cuerpo ya no tiene vida. Siendo ya un cadáver, el cuerpo también puede expulsar gases acumulados, orina, heces. Incluso puede ser capaz de una erección, dado que una vez que el corazón deja de latir, la sangre se concentra en las partes inferiores.

Y, por último, creo que es crucial hablar de cómo se percibe la muerte para quien la presencia. Personalmente, he sentido la muerte como una pérdida de energía. La primera vez que me percaté de que un paciente había dejado de respirar, fui a avisar al personal de enfermería y después regresé a la habitación. Estaba situada a los pies de la cama viendo cómo dos enfermeras, una a cada lado de la muerta, le tomaban las pulsaciones. «No tiene pulso», dijo una. «Está muerta», corroboró la otra. Prosiguieron con sus quehaceres, pero para mí pasaron desapercibidos porque me quedé absorta en un fenómeno que me enmudeció. Percibí cómo una masa de energía salía del cuerpo de la mujer que acababa de fallecer y se desplazaba lentamente hacia la ventana. Lo recuerdo como una nube, una bolsa de aire compacto, algo incoloro, inoloro, una entidad abstracta que, aunque invisible, pude sentir hasta que desapareció fuera de la habitación.

Muchos años después sentí que esa masa energética salía de mi propio cuerpo. Me había quedado embarazada por primera vez. Estaba en mi octava semana de gestación cuando empecé a sentir un dolor profundo con el que no estaba familiarizada. Además, había empezado a manchar rosado, lo que no auguraba nada bueno, pero tampoco era una prueba convincente. Así que me encontraba en un estado continuo de alerta, observando cada detalle con atención. Hacia el final del viernes en que los dolores se habían iniciado, cuando me estaba poniendo el pijama para irme a dormir, volví a percibir aquella condensación de energía saliendo de mi cuerpo, deshabitándome. Por eso supe que había perdido al bebé. El pecho, que había crecido apelmazado durante dos meses, se destensó, como si se desanudara, y sentí que adelgazaba kilos, que me descomprimía. Noté que me había vaciado. Después de horas de experimentar un dolor intensísimo que me postró en la cama, sentí aquella ráfaga saliendo de mí. ¿Quién podía creerme?

No pude dormir pensando tanto en la pérdida como en tener algo que sentía muerto en mi interior.

Hice el duelo la madrugada entera en el sofá del salón, mientras mi marido dormía. Cuando lo desperté, estaba convencida de que había tenido un aborto, por eso cuando ese mismo día fuimos primero a un médico y después a otro y nos aseguraron que todo estaba bien haciéndonos escuchar el corazón latir, la ciencia solo confundió mi instinto. «Este es el corazón de su hijo, late fuerte, rápido. La sangre no determina nada», me dijeron. «Pero yo siento que no estoy embarazada». El médico sonrió encogiéndose de hombros, mirándome como si estuviera loca, parecía haber perdido de repente toda la paciencia «y yo le digo que este es el latido de su hijo», me respondió.

Pasé el domingo en la cama, mirando al techo. Por la noche empecé a sangrar. Cada vez que iba al baño soltaba coágulos que parecían trozos de tejido, partes de un cuerpo minúsculo, insectos rojos. Cada vez que iba al baño tenía miedo. Era inevitable mirar los deshechos. Observar lo que salía de mí. Qué masa deforme, de qué textura. Mi marido y yo pasamos la noche sin decir nada. Mirando al techo juntos, abrazados. Él me apretaba cada tanto para hacerme ver que no estaba sola y, entonces, yo volvía súbitamente en mí y recordaba qué había pasado, qué estaba pasando.

Cuando por fin llegó el lunes, fuimos a la consulta del obstetra tan temprano que aún no había ningún paciente. El doctor me hizo pasar al instante para hacerme una ecografía.

Cinco minutos en silencio recorriendo con el transductor cada parte de mi útero. «No hay latido», espetó finalmente mirándome durante un solo segundo a los ojos.

Estas experiencias personales sirven para reafirmarme en que el fenómeno de la muerte es más complejo y profundo que como se presenta en la narración superficial a la que estamos acostumbrados. Con el suficiente sosiego y prestando atención —no se ve lo que no se mira—, no solo podemos percibir la muerte, sino que, además, podemos intuirla —predecirla—, como pueden hacer algunos animales.

3

GUÍA

DÓNDE FORMARSE

Cada vez están surgiendo más oportunidades de enseñanza para abastecer un interés en aumento por aprender a acompañar a alguien que está muriendo.

En España aún no hay una formación académica homologada y algunas instituciones son de carácter religioso, por lo que aún queda mucho por hacer para conseguir una oferta más plural. Pero la organización Al final de la vida ejerce una gran labor de difusión y hay varias organizaciones que pueden ayudarte a formarte en diferentes áreas relacionadas como Vivir un buen morir o Nirakara. También se puede pedir información en hospitales —como el San Juan de Dios o Los Camilos—, que, además de ofrecer formaciones generalmente de forma gratuita, permiten que quienes realizan los cursos se incorporen como personal voluntario para acompañar a quienes están en el final de su vida.

Como ayuda para enfrentarse a la muerte, ya sea a la propia o a la de un ser querido, recomiendo leer o ver los vídeos del doctor Enric Benito, que además de décadas de experiencia tiene la capacidad de guiar de una forma sólida y tranquilizadora.

Qué hacer: paso a paso

Acompañar a alguien que está muriendo es una experiencia intensa que puede resultar abrumadora. Incluso las personas más experimentadas pueden olvidar cosas importantes dependiendo de la situación. Por eso es recomendable seguir un listado que nos recuerde qué hacer en cada momento. El que presento a continuación puede servir a modo de ejemplo, pero mi sugerencia es que cada cual cree el suyo para sentirse cómodo y familiarizado con cada una de las acciones que conecten más con su proceso.

Preparación antes de realizar la visita

- Asegurarse de no tener ningún resfriado, fiebre, tos...
- Meditar de 10 a 30 minutos para calmar la mente y equilibrarse energéticamente.
- Evaluar si uno está bien emocionalmente.
- Ejercicio o estiramientos con el fin de encontrarnos cómodos en nuestro cuerpo.

- Comer algo ligero.
- Llevar agua.
- Vestirse con ropa cómoda.
- Establecer una intención.

Información antes de realizar la visita

- Llevar la acreditación de doula del final de la vida de su organización.
- Revisar que disponemos de toda la información del paciente: nombre, dirección o número de habitación.

En el hospital o domicilio particular donde se realice la visita

- Utilizar desinfectante de manos antes de entrar.
- Presentarse al personal —celadores, enfermeras...— informando de quiénes somos y de dónde venimos y cuánto tiempo estaremos allí.

Durante la visita

- Independientemente del estado del paciente —esté inconsciente o no—, nos presentaremos en voz baja, informándole de quiénes somos, de dónde venimos y cuánto tiempo estaremos allí. También informaremos a la familia, si hay alguien presente.

- Observar las necesidades del paciente.
- Observar si el paciente puede o necesita hablar; de lo contrario, permanecer en silencio respirando con la persona.
- Prestar atención a los cambios de respiración y a los gestos de dolor.
- Atender la temperatura del ambiente: si hace calor o frío, si el paciente necesita más o menos abrigo.
- Meditar, rezar, hacer reiki, poner música, leer.

Antes de marcharnos

- En voz baja, despedirse del paciente.
- Informar tanto al paciente como a los familiares o cuidadores de si otro voluntario va a venir después o de cuándo será nuestra próxima visita.

Después de la visita

- Beber mucha agua.
- Ducharse o bañarse.
- Llevar a cabo alguna actividad de autocuidado.
- Descansar.

QUÉ DECIRLE A UNA PERSONA QUE ESTÁ MURIENDO

Acompañar en silencio a alguien en su lecho de muerte es una de las acciones más valiosas que podemos llevar a cabo por alguien que está muriendo. Un silencio cómplice es mucho más útil, cómodo y trascendental que cualquier frase torpe o que no sea verdaderamente auténtica. Estamos brindando la presencia, el tiempo, la energía y la atención. Por eso no me importa recalcar una y otra vez que, en muchos casos, no es necesario decir nada. Es más, muchos moribundos prefieren que no se les diga nada, especialmente si no se sabe qué decir.

Por otro lado, es importante que sea la persona que está muriendo la que marque las pautas de la comunicación y nos guíe. El acompañante podrá tantear con alguna pregunta y, en función de la respuesta, indagar más o dejar que sea el protagonista el que se exprese cuando necesite hacerlo. Lo importante es que el ambiente sea relajado y cómodo para que la persona que va a morir sepa que puede hablar cuando quiera y que será escuchado. Nuestra presencia como acompañantes debe propiciar ese diálogo fácil, fluido. Nuestro estado mental se manifiesta en la energía que traemos con nosotros y también en la postura corporal, la respiración, los gestos… Por eso es importante prepararse emocional y mentalmente antes de acompañar a alguien. Debemos estar seguros de que ofrecemos una compañía sólida, serena y compasiva.

Qué decirle a alguien cuando la muerte se aproxima

Hablar de la muerte es cuestión de preferencias personales, por lo que tener una conversación o no dependerá del carácter de cada individuo y de lo receptivo que se sienta. Puede que la persona en cuestión no se sienta cómoda hablando de la muerte. O puede que aún no esté preparada para afrontarla porque necesita un poco más de tiempo. En esos casos, si se le tantea y no responde o no muestra interés en continuar la conversación, es preferible no insistir y respetar su espacio de privacidad.

Por otra parte, hay personas que están interesadas en hablar de su proceso de muerte, pero solo se sienten capaces de hacerlo con alguien cercano con quien tengan cierta intimidad. En ese caso, la doula del final de la vida debe mantenerse al margen. Pero en otras ocasiones sucede precisamente al revés; el moribundo quiere hablar con alguien de lo que le está sucediendo, pero prefiere hacerlo con alguien ajeno a su núcleo de familiares y amigos, cuya distancia emocional lo haga sentirse más libre para comunicarse. En estos casos las doulas del final de la vida o una figura religiosa o espiritual en la que el moribundo confíe resultan de gran ayuda.

Recuerdo los últimos días de mi abuela paterna. Era una mujer fortísima, lúcida, inteligente, con mucho sentido del humor, enérgica, independiente. Una mujer admirable. Muy sagaz; no se le escapaba nada y sus observaciones solían ser muy acertadas. Había estado siempre sana y creía firmemente que era preferible no ir al médico, porque, según ella «siempre encuentran algo». La primera vez que ingresó en un hospital, a los ochenta y siete años, fue para no salir ya. El cáncer se había empezado a manifestar como un dolor punzante que aumentaba cada vez más y del que había que ocuparse. Pese a lo mucho que debía dolerle, estaba ya muy avanzado, apenas se quejaba. Al menos, no delante de nosotros. En el hospital siguió manteniéndose entera, sin mostrar ni un atisbo de fragilidad, solo un profundo cansancio que cada vez la abatía más. A nosotros no nos hacía preguntas ni sobre el diagnóstico ni sobre cuándo saldría de allí. Somos una familia numerosa, mi abuela tenía cinco hijos, ocho nietos, muchos sobrinos, y una gran comunidad de vecinos y amigos que la visitaban. En mi opinión, mi abuela muy probablemente ya intuía que estaba muriendo, pero mi familia es matriarcal, ella era nuestra roca, y creo que quiso protegernos de sus dudas y sus miedos. Supongo que creía que, incluso en un momento así, debía mostrarse a nosotros con entereza y por eso permaneció cada uno de los días que estuvo ingresada, en control de sus emociones. Sin embargo, un día vino el cura a visitarla. Mi abuela era una persona muy religiosa que colaboraba asiduamente con la iglesia preparándola para las misas y tenía una estrecha relación con el sacerdote. Cuando lo vio aparecer me pareció que el corazón le daba un vuelco. «¡Padre!», exclamó, visiblemente aliviada. De pronto se humanizó, al permitirse mostrarse vulnerable. No solo la noté aliviada con la presencia del cura, sino que incluso percibí una cierta desesperación. Como el niño que está guardando las apariencias, pero que en cuanto ve a su madre se arroja a sus brazos entre sollozos, buscando su protección y su cobijo. Los demás salimos de la habitación y la dejamos a solas con el cura. Entendimos entonces que mi abuela quería y necesitaba comunicarse, pero solo se permitía el desahogo con la figura del sacerdote.

En general, la personas que están muriendo tiene dificultades para exteriorizar lo que siente, sus miedos y preocupaciones, por eso es importante estar atento a las señales, a los mensajes indirectos que puedan significar que tiene conciencia de que se está muriendo o que está abierto/a hablar de su muerte. Por ejemplo, puede que digan: «Pues parece que ya no voy a salir del hospital». «Esto no pinta bien». «Parece que me están poniendo todo lo que saben, que no les queda ya nada más…». «Por si acaso no salgo de aquí, tú haz … y diviértete por mí». Son formas de abordar el tema, pero muy de pasada, a veces hasta con humor, como una manera de tantear el terreno y las reacciones de los demás. En estos casos se puede conducir la conversación, confrontando el problema directamente o animando a que el paciente se siga comunicando.

Algunas de las preguntas que pueden hacerse al paciente para iniciar una conversación y averiguar su estado de ánimo, así como sus necesidades son:

- ¿Cómo te sientes? ¿Cómo te encuentras? Hay que evitar decir: «¿Cómo estás?», porque, aunque pueda parecer que se está preguntando lo mismo, nadie a quien le han notificado que va a morir inminentemente puede responder que está «bien», por lo que la pregunta denota una falta de sensibilidad o una forma muy torpe de iniciar la conversación. Ante una pregunta así, el moribundo difícilmente podrá abrirse de una forma sincera y compartir lo que está sintiendo, ya que parece una pregunta de protocolo para romper el hielo, no para iniciar una conversación realmente profunda sobre lo que está pasando.

- ¿Cómo te puedo ayudar? ¿Qué necesitas?
- ¿En qué piensas?
- ¿Te está resultando difícil?
- ¿Hay algo que quieras hacer? ¿Alguien con quien te gustaría hablar?
- ¿Hay algo de lo que te gustaría hablar?
- Es normal tener miedo, es normal no saber qué hacer, es normal sentirse como te sientes, ¿hay algo que te preocupe especialmente?
- ¿Ha habido algo que te moleste o que se pueda mejorar?
- ¿Sientes miedo todo el tiempo?
- ¿Te da miedo quedarte solo/a?
- ¿Te asusta la noche?
- ¿Qué crees que puede tranquilizarte?
- ¿De qué te gustaría que hablásemos?
- ¿Qué es lo más importante para ti ahora?
- ¿Quieres que te ayude a contactar con alguien?
- ¿Quieres que te ayude a escribirle una carta a alguien?

Y si la persona es religiosa, puede sentirse aliviada si le preguntas: «¿Quieres que rece por ti? ¿Sobre qué cuestión quieres que rece?».

El objetivo es generar una conversación fluida donde el paciente se sienta lo suficientemente cómodo como para expresar su preocupación sin miedo a ser juzgado. Por eso la interacción debe propiciar siempre que siga hablando. Nosotros somos un espejo, meros catalizadores para que pueda exteriorizar su discurso interno y, en cierta forma, liberar la angustia al sentirse escuchado. Por eso es crucial no aconsejar y evitar las frases hechas o tipo «sé cómo te sientes», por el contrario, estamos totalmente presentes y en servicio del otro (fuera de nuestra experiencia personal, de nuestras opiniones y de nuestro ego), desempeñando una función similar a la que ejercen los psicólogos o terapeutas y que se caracteriza no solo por la escucha activa, sino también por la aceptación incondicional.

Si se conoce a la persona es el momento de decirle todo lo que significa para nosotros. Se puede utilizar el ho'oponopono, que es una sencilla práctica de sanación de origen hawaiano centrada en la reconciliación. Su versión simplificada está compuesta por cuatro partes breves y contundentes: «Perdóname. Lo siento. Gracias. Te amo». Es muy útil para despedidas al final de la vida porque ayuda a que las relaciones interpersonales se cierren en paz. Pero uno puede explayarse todo lo que considere oportuno, siempre que el paciente esté receptivo y le haga bien escucharlo. Algunas ideas como referencia pueden ser:

- Te quiero y te tendré presente siempre. Eres muy importante para mí.
- Gracias por todo lo que me has enseñado, por todo lo que has hecho por mí. Gracias por estar en mi vida y compartir tantas experiencias conmigo. Gracias de corazón, porque yo soy quien soy, en parte, gracias a ti. Has sido un/a amigo/a, amante, pareja, hermano/a, padre, madre, abuelo/a.
- Siento si te he herido en algo, y por las veces en que hemos discutido o tenido algún tipo de tensión, por favor, perdóname. Por mi parte no hay nada que perdonar.

Un mensaje personalizado, compasivo y honesto, desde el amor, siempre será bien recibido. Es extraño decirle a alguien que aún está vivo todo lo que significa para nosotros, todo lo que nos ha hecho sentir, todo lo que nos ha aportado desde que la conocemos o hacer un recorrido histórico de los mejores recuerdos compartidos. Se convierte en algo sentimental y es difícil sentirse cómodo en la vulnerabilidad. También se suma la dificultad de articular las emociones cuando aún se está procesando que vamos a perder a una persona que nos importa. Sin embargo, muchas personas hacen un esfuerzo para construir un discurso emotivo en el funeral, cuando la persona ya ha fallecido. ¿Por qué no hacer el esfuerzo antes, cuando aún vive y puede escucharlo?

Es importante distinguir entre aconsejar y tranquilizar. La *death doula* o el cuidador no tienen potestad para indicar qué es lo más conveniente creer o hacer, pero pueden tranquilizar al moribundo sin darle falsas esperanzas.

Los acompañantes pueden personalizar qué decir a la persona que está muriendo, pero tratando de cubrir cada uno de estos aspectos:

1. *Su existencia ha importado.* Al final de la vida muchas personas se cuestionan si su vida ha servido para algo, porque no le encuentran ningún sentido. Por eso es importante agradecerles todo lo que han hecho por los demás, resaltar el impacto positivo que han tenido en muchas vidas, la inspiración y la huella que han dejado en los demás. Si una doula del final de la vida no conoce al paciente, puede fijarse en determinados datos. Por ejemplo, si la persona que está muriendo tiene hijos, se puede incidir en que dar la vida a alguien es el regalo más valioso que puede hacerse. O dependiendo a lo que se dedicara profesionalmente se puede hablar del impacto que su trabajo tenía en los demás.

2. *Lo han hecho lo mejor que han podido.* Es frecuente también sentir remordimiento por ciertas decisiones o actitudes que se tomaron durante la vida y que demostraron no ser las más acertadas. En este sentido se puede paliar el sentimiento de culpa haciéndoles ver que la vida es aprendizaje, que evolucionamos gracias a esas experiencias y que tener conciencia es algo positivo.

Nadie es perfecto, todos nos equivocamos y aunque nos gustaría cambiar muchas de nuestras acciones *a posteriori*, cada uno obra como puede y cree que es conveniente en ese momento concreto. Por eso hay que mutar el lamento por aceptación, pedir perdón y entender que lo hemos hecho lo mejor que hemos podido. Repetir «lo has hecho muy bien», ayudará a la persona que está muriendo a suavizar este proceso, a aceptarse, a quererse, a perdonarse.

3. *No habrá dolor*. La medicina ha avanzado mucho en los últimos años y los cuidados paliativos se crearon para atender al enfermo terminal de forma que se puedan aliviar los síntomas, ya sea dolor, náuseas, ansiedad, depresión, insomnio, problemas de respiración, fatiga o cualquier efecto secundario que pueda surgir.

   Si el enfermo terminal tiene miedo al sufrimiento, el acompañante puede tranquilizarlo recordándole que se podrá aumentar la dosis del medicamento tanto como sea necesario hasta llegar incluso a la sedación.

   No habrá dolor. No duelen tampoco los estertores en la fase de organización, por muy incómodos que resulten para quien los presencia. La muerte no dolerá.

4. *No deben preocuparse por nada ni nadie.* Lo más duro no es solo enfrentarse a la incertidumbre a solas, sino dejar de ver a la gente que se ama. La preocupación de

no saber si sus allegados estarán bien atendidos en su ausencia (en el caso, por ejemplo, de padres jóvenes), contribuye a crear un sentimiento de culpabilidad, que atenúa todos los síntomas. Los acompañantes pueden ayudar a aliviar esta carga al moribundo asegurándole que cuidarán de sus seres queridos, o que estarán bien atendidos. Demostrar que los demás están emocionalmente fuertes y estables contribuirá a que la persona que está muriendo tenga una transición más liviana, sin lastres añadidos.

Por eso es crucial que la familia, los amigos, los amantes, estén en control de sus emociones cuando vayan a visitar a su allegado. No se trata de reprimir los sentimientos, sino de no sobrecargar al paciente con nuestro proceso emocional. Es un gesto de amor, que requiere de esfuerzo y disciplina, el poner las necesidades del moribundo por delante de las propias. Aunque llorar, lamentarse o mostrar abiertamente la aflicción y la desesperación denota que se está estrechamente ligado a la persona que está muriendo, la forma de demostrar el afecto es facilitar su transición haciendo que se sienta bien, despejando sus miedos y sus preocupaciones y, en consecuencia, mostrándose fuerte y positivo. Incluso usando el humor. Todo vale con tal de que la transición sea lo más liviana, suave y armoniosa posible.

Acompañar a alguien en su lecho de muerte debe ser algo que se quiera hacer de forma innata, un sentimiento puro que venga del corazón y que no sea impuesto por construcciones sociales. A mi pesar, he presenciado en ocasiones cómo los seres queridos acrecentaban el malestar del paciente. Aunque es una compañía bienintencionada, si no están en control de sus emociones, la órbita de personas que giran alrededor del moribundo puede producir un resultado contraproducente y añadir más estrés en un momento que ha de ser sagrado y que debe respetarse al máximo. Además, hay que tener en cuenta que no todos los familiares están unidos a la persona que está muriendo. Aunque sientan que es su deber acompañar, porque tienen la misma sangre, no hay nada más extraño y fuera de lugar que el hecho de que alguien con quien voluntariamente no hemos compartido nada en vida, permanezca a nuestro lado cuando estemos muriendo. Y, sin embargo, ocurre. En mi opinión, estas situaciones deberían evitarse. Yo prefiero morir sola que acompañada por alguien que no esté a mi lado de forma auténtica, pero es cuestión de prioridades. Por eso hacemos tanto hincapié en dejar por escrito cuáles son nuestras preferencias.

Morir es el proceso más íntimo de alguien y pertenece solo a esa persona. Creo firmemente en que, a veces, un moribundo puede elegir cuándo dejarse ir. De la misma forma en que hay quien espera a que todos sus seres queridos estén alrededor de su cama para dar el último suspiro, otros mueren precisamente cuando la persona que los acompaña está en la cafetería del hospital o ha ido a cambiarse a casa. Eligen morir solos porque quizá eso les da más paz o porque prefieren hacerlo en privado.

También los hay que se jactan de que alguien ha muerto en sus brazos, o aseguran que ha muerto después de que ellos dijeran algo. Es algo que me genera cierto rechazo, no por el dato, que está cargado de simbolismo y de belleza, sino por la forma en que algunas personas están tan necesitadas de reconocimiento externo que son capaces de utilizar la muerte de alguien para llamar la atención sobre su valía. Acompañar en la muerte debería ser un acto altruista, sin ego, donde no deberíamos tener ningún protagonismo. Los detalles sobre la muerte de alguien son privados; tan íntimos que si alguien es capaz de contarlos sin conmoverse indica una desconexión a un nivel profundo.

En definitiva, el acompañante puede contribuir a que el moribundo se sienta mejor liberándolo de toda la posible responsabilidad o culpa que esté experimentando y ayudándolo a que se centre en sí mismo. Recordarle que está muriendo, que su tiempo es limitado y que es importante encaminar su energía hacia cómo quiere despedirse de la gente que le importa.

5. *Guiarlos para recordar los buenos momentos.* El agradecimiento es una herramienta transmutadora muy podero-

sa a través de la que se puede cambiar la actitud, el estado de ánimo y el campo electromagnético de alguien. Si el paciente terminal se encuentra inquieto, en un estado de ansiedad o de temor, podemos ir conduciéndolo mediante preguntas hacia aquello que lo haga sentirse bien, cómodo, para reconectar con su esencia y aumentar sus vibraciones.

Una forma de conseguirlo es preguntarle por los momentos en que vibró, con quién, las mejores vacaciones, la casa de la que guarda el mejor recuerdo, su ciudad preferida, cuál es su canción favorita y por qué, su pasión, el mejor verano, una época feliz... Haremos las preguntas que sean necesarias hasta encontrar aquello con lo que el paciente conecte, aquello de lo que le apetezca hablar, con lo que se le ilumine la mirada. Una vez que lo hemos encontrado bucearemos en ese tema y le haremos evocar más recuerdos que conecten con esas buenas sensaciones. El objetivo es conseguir que se traslade a los momentos en que fue dichoso para que, al revivirlos, se anime. La doula del final de la vida se convierte aquí en una guía, mediante preguntas y observaciones que ayuden a que el paciente sea consciente de que ha vivido algo hermoso y se sienta agradecido por haber tenido la suerte de experimentarlo. La situación será la misma, está muriendo, pero le habrá cambiado la perspectiva y el proceso será radicalmente distinto.

En los casos en los que no tenemos ninguna información personal sobre el moribundo o en los que sabemos que sus vivencias no han sido especialmente sobresalientes, podemos basarnos en las sensaciones corporales que, gracias a los cinco sentidos, ha podido experimentar. No hace falta haber sido arrebatadoramente feliz o haber tenido una vida de película para apreciar la valía de estar vivo. Una forma de hacerlo es evocar una experiencia sensorial, recordar un olor agradable, el tacto de algo, un sabor, una canción, un paisaje, una obra de arte... O también se pueden poner canciones suaves a modo de referencia para establecer una dirección instando a la gratitud. Podemos utilizar «Gracias a la vida», la archiconocida canción de Violeta Parra o «Todo cambia», de Mercedes Sosa o «My Way» —«A mi manera»— que inmortalizó Frank Sinatra. También pueden funcionar otros clásicos que refuerzan las decisiones que tomamos durante la vida y celebran la forma en que hemos sido: «Non, je ne regrette rien» —«No, no me arrepiento de nada»— de Edith Piaf.

Estas canciones contribuyen a establecer cierta paz con la vida que se ha llevado, que podía haber sido mucho mejor, pero también peor, y que ha conllevado momentos miserables, pero también otros de gloria. Ninguna vida fulgurante está exenta de tragedia, y ninguna vida mediocre está privada de momentos álgidos. Al final todas son un cúmulo de experiencias, y que predominen unas sobre otras dependerá de la perspectiva desde la que cada uno lo mire, de a qué le demos mayor importancia o de cómo se haya procesado cada evento. Aceptar que la vida ha sido de la forma que ha sido y que está bien que haya sido así, nos ayuda a reconciliarnos con nosotros mismos y nuestro pasado, a perdonarnos, a dejarnos ir sin culpabilidad.

6. *Es el momento de aceptar lo inevitable.* Como acompañantes podemos ayudar a sostener la carga emocional del enfermo terminal simplemente con estar presentes. Brindar la presencia y escuchar es uno de los aspectos más reconfortantes para el otro, que a veces solo necesita manifestar su frustración y su pena. Es una forma de solidarizarnos y llenarnos de compasión. Al no sermonear, al no reprender, al estar simplemente ahí, ya se ayuda a que el moribundo por sí mismo entienda que lo que le está pasando a él mismo también le sucederá no solo a su interlocutor sino a todos los que lo rodean. Que no hay humano que pueda responsabilizarse de cuando ocurre.

   Si el moribundo está en plena desesperación, la visualización puede ayudar a tranquilizarlo. Podemos imaginar que ponemos al paciente terminal en nuestro regazo, como si fuera un bebé, y que lo mecemos el tiempo que necesite estar llorando, lamentándose o gritando. Que lo sostenemos incondicionalmente para que sepa que no está solo. Que su tragedia es la tragedia del mundo. Que la humanidad está condenada, pero se puede encontrar belleza en el horror, belleza a diario. Que ese es precisamente el ejercicio, lo complejo: buscar la belleza al sinsentido, entregarse al juego en vez de martirizarse cuestionando algo de lo que no podemos escapar. Que todos somos, como él, inocentes. Que somos la misma persona. Que la muerte será cuestión de un instante —como se apaga la luz.

Las visualizaciones son muy poderosas y pueden transmutar la energía circundante. Esta es una forma muy sutil de trabajar con la carga energética del otro en silencio, sin interrumpir su proceso, pero guiándolo.

Comprender que los seres vivos tenemos un destino común y que estamos expuestos a morir en cualquier momento nos llena de compasión hacia otros humanos y también hacia nosotros mismos.

Una vez que comprendemos que la muerte es inminente, de nada sirve lamentarnos. Hacerlo supone solo una pérdida de un tiempo que adquiere más valor que nunca y, como decía Stephen Hawking, la inteligencia se mide por la capacidad de adaptación al cambio.

Una vez que la persona que va a morir se ha desahogado y está más receptiva, se le puede preguntar, «¿de qué tienes miedo?», y tratar de acotar los sentimientos que vayan aflorando, abordándolos poco a poco. Morir no duele, así que el dolor queda fuera de la ecuación.

¿Dejar de ver a los seres que amamos? La vida es cambio, hemos vivido varias vidas en una sola, si lo pensamos bien, ya nos hemos despedido «para siempre» de muchas cosas y personas muchas veces. Y hemos experimentado la muerte indolora todos los días, mientras dormimos. Además, ya decía Epicuro que no deberíamos temer a la muerte porque cuando la muerte es, nosotros no somos.

Parafraseando a Jung, lo que negamos nos somete y lo que aceptamos nos transforma, por eso es importante guiar al moribundo a transmutar los sentimientos generados por la frustración y el miedo, por agradecimiento y aceptación de la realidad tal y como es. Si la persona está receptiva y abierta al diálogo, una vez que las emociones se han apaciguado la conversación será la mejor herramienta para ir conduciendo gradualmente al enfermo terminal a un estado de reconciliación con su presente.

La clave está en ayudar a que el moribundo realice un cambio de narrativa y que, en lugar de bloquearse posicionándose como víctima, se dedique a recordar todo lo vivido desde la gratitud. Este cambio de paradigma, de una actitud combativa a una reconciliadora, no solo empodera, sino que alivia, suaviza y ayuda a morir en paz.

Aceptar supone dejar de sufrir, y este cambio de paradigma es verdaderamente liberador. Una forma de inducir esta transformación es pedir a la persona cuya muerte es inminente que inspire y exhale profundamente. La respiración honda y lenta ayuda a dejar ir las ideas previas y combativas y a sintonizar con el presente, sintiendo los cambios que se van manifestando en el cuerpo.

En esta transición sagrada e irrevocable hacia la muerte, el paciente está en un grado de suma vulnerabilidad, por lo que también hay que ser cauto para no herir su sensibilidad. Por eso tan importante es lo que se dice como lo que no se debe decir.

Es recomendable evitar:

- Frases hechas, como por ejemplo: «Es la voluntad de Dios», «tenía que ser así», pues se está imponiendo una creencia que no tiene por qué ser compartida por el moribundo, lo que puede generar mucho malestar.
- Decir: «Te entiendo» o «sé cómo te sientes». Se puede intuir cómo se siente alguien, pero nunca saberlo porque cada persona es única. Aunque con frases de este tipo se intenta empatizar, pueden resultar ofensivas ya que los estados de ambos interlocutores, el que está sano y el que está muriendo, son radicalmente distintos. Pero puede ayudar decir: «Imagino cómo debes sentirte» o «debe ser horrible, siento por lo que estás pasando».

- Tratar de animar al paciente con frases del tipo: «Todo está bien», cuando precisamente está muriendo. O «todo estará bien»... ¿Estará todo bien cuando la persona se muera?
- Diciéndole al moribundo: «Así estarás mejor» o «ahora podrás descansar» parece que se está deseándole la muerte, aunque el propósito sea bienintencionado. Además, se está dando por hecho que el moribundo prefiere descansar —que aquí es un eufemismo de estar muerto— a estar vivo, lo que puede resultar muy hiriente.

En definitiva, además de escuchar a la persona a la que se está acompañando, si hay una relación personal de antemano, el mayor consuelo que podemos darle es decirle lo mucho que ha significado para nosotros y cómo será recordado.

Cómo tranquilizar a quien está muriendo y tiene miedo o a quien empieza a agonizar

«Vas hacia el amor, no tienes nada que temer. Han muerto cien mil millones de personas antes que tú y cien mil millones de personas morirán después. Todo lo que está vivo muere, porque así es el ciclo de la vida. Decenas de miles de seres humanos mueren a diario en todo el mundo. Cada minuto. Cada segundo. Todos vamos a morir y ahora ha llegado tu momento. Es un momento sagrado, cargado de paz, donde puedes pararte a descansar y observar toda tu vida. Respira. Recuerda a todas las personas que quieres y con las que has compartido parte de tu existencia. Están aquí, contigo. Recuerda las risas, la alegría, la diversión, las sorpresas, las primeras veces, recuerda el amor y todo el espectro de emociones que has sentido a lo largo de tantos años. Deja que esas vibraciones de amor te inunden y agradece lo vivido y lo aprendido durante este viaje.

»Perdónatelo todo, sé compasivo/a contigo mismo/a, lo has hecho todo muy bien, lo has hecho lo mejor que has podido en cada momento.

»Ahora ha llegado la hora de dejarte llevar sin poner resistencia. Ha sido una gran aventura, vivir ha sido una experiencia mágica. Has sorteado todo tipo de obstáculos y peligros y ahora, por fin, puedes descansar. La muerte no tiene por qué ser el final, no sabemos apenas nada de lo que pasa después.

»Tu muerte será lo que quieras que sea, imagínalo y confía en que se convertirá en eso. No tienes nada que temer, la naturaleza es perfecta, nunca llegaremos a comprenderla. Lo único que necesitas saber ahora es que vas hacia el amor».

Cuando un suceso del pasado los atormenta

Muchas personas llegan con sentimiento de culpa al final de sus vidas, arrastran conflictos que no han sido resueltos y no tienen la oportunidad de solucionarlos con los sujetos a los que se han enfrentado. En esos casos la doula del final de la vida también sirve de fuerza transmutadora.

Una forma de tranquilizar al moribundo que realiza una confesión es eximiéndolo de la culpa. Cada persona tiene una historia diferente, por lo que es recomendable encontrar el modo de conseguir que se marche en paz de acuerdo con sus circunstancias. Aunque pueda parecer que se está jugando a ser Dios, lo que en realidad estamos haciendo es redimir a la persona para que muera en paz. Recordemos que nuestro objetivo es hacer que la transición sea lo más agradable posible. En esos casos, lo único que necesita quien va a morir es un testigo compasivo de su sufrimiento, alguien que lo entienda y que lo perdone. No se trata de un acto sacramental de sacerdote a cristiano, sino un acto de compasión de humano a humano. El perdón puede llegar a producir un alivio tan inmenso en estos momentos finales, que el moribundo a veces se relaja tan profundamente que muere. Se trata de una de esas expiraciones en las que se consigue descomprimir toda la tensión acumulada. El último suspiro. El que conduce a morir en paz, descargándose de la culpa.

Pero llegar a ese punto no es lo común. Hay gente herméticamente cerrada o que no siente la necesidad de compartir o exteriorizar pensamientos o sensaciones. Depende siempre de lo que demande cada persona. Cada uno se enfrenta a la muerte de una forma y la función del acompañante es estar ahí, adaptándose a las necesidades que puedan surgir. La conversación no debe nunca forzarse, pero si se da el caso de que quien va a morir tiene una necesidad mayor de comunicarse, es importante que sepa que puede hacerlo en confianza.

«Eso se te ha perdonado y ya forma parte del pasado. Quédate tranquilo/a, porque hiciste lo que te pareció que era más conveniente en ese momento y ya no se puede volver atrás. No dejes que ese pensamiento te perturbe. Déjalo ir. Todos cometemos errores y es importante aprender a perdonarnos».

«Estás perdonado/a. Se te perdona todo. Se te perdona todo. Lo has hecho todo muy bien».

«Ahora tienes que llenarte de amor por ti. Estás rodeado/a de amor. Siéntelo, ¿lo sientes? Eres una persona muy querida. Concéntrate en todo lo que has hecho bien, que ha sido mucho. Recuerda cada una de las cosas que has hecho por los demás a lo largo de tu vida. Muchos han tenido un día mejor gracias a ti, una vida mejor gracias a ti».

«Gracias. Ahora es momento de dejarte ir, estás preparado/a. Confía. Estamos contigo. Puedes irte en paz. No te preocupes de nada. Lo has hecho todo muy bien. Ahora es el momento de descansar, recordar el amor que has sentido y dejarte ir».

Cuando sienten que tienen problemas pendientes que solucionar con alguien

«Entiendo cómo te sientes, es difícil encontrar paz cuando hay resentimiento en el corazón, cuando sientes que no has perdonado o que no te han entendido. Y ese desencuentro te atormenta, está dentro de ti como una mancha que te ensombrece.

»Muchos de los problemas en la vida se producen por malentendidos, porque nos comunicamos de forma diferente, sentimos de forma diferente, pensamos de forma diferente y, en definitiva, somos personas distintas. Entiendo la tristeza y la frustración que debes sentir por haber tenido un desencuentro así con alguien que te importa. Pero ahora no puedes volver atrás para solucionarlo. Tampoco puedes resolver el conflicto cara a cara. Lo que sí puedes hacer es imaginar que esa persona está aquí contigo, ahora.

»Visualiza que está sentada aquí, junto a nosotros. Recuerda su cara, imagina cómo va vestida. Ha venido a verte porque quiere escuchar lo que tienes que decirle. Quiere hacer las paces, viene en son de paz. Quiere entender lo que pasó y lo que sientes. No tiene ninguna prisa, te va a escuchar con mucha atención y está aquí sentada, mirándote, esperando que se lo digas todo. Si quieres me lo puedes decir a mí como si yo fuera esa persona. O si lo prefieres, cierra los ojos y mantén la conversación en silencio. Pero ten la conversación hasta el final, no te dejes nada. Imagina lo que ella te va a responder. Visualiza de principio a fin la conversación, hasta que os entendáis, hasta que se disuelva la tensión, hasta que os hayáis perdonado. Y cuando abras los ojos sentirás que la conversación ha sido real y que se ha vaciado el peso que sentías.

»Haz eso con cada persona con la que hayas tenido un conflicto. No tengas miedo, no vas a morir hasta que hayas terminado y te sientas en paz. Pero es importante que tengas cada una de esas conversaciones para aliviar la angustia que sientes ahora. Para poder irte en paz».

Cuando muestran preocupación por las personas que dejan

«Confía. Sé que estás preocupada/o por X, pero es importante que sepas que vamos a cuidar a X muy bien, va a estar rodeado/a de amor siempre y va a tener todo lo que necesita. Te echará de menos, pero te tendrá siempre presente. Eres su amor/su madre/su padre/su hermano/su hijo. Nunca te olvidará, formas parte de él/ella.

»Durante tu vida te has entregado a los demás, pero ahora es importante que te centres en ti. Vuelve a ti y observa lo que te está pasando, lo que sientes.

»Déjate llevar sin resistencia, la naturaleza es más fuerte, hay un plan perfecto que desconocemos. Nos ocurrirá a todos, nadie puede escapar y ahora ha llegado tu momento. Fluye como si flotaras en un río. Confía porque la naturaleza es sabia, tu cuerpo es sabio, tu corazón es sabio. Es un proceso perfecto, suave y, cuando tu cuerpo esté preparado para irse, te irás sin miedo.

»En cuanto aceptes la situación y te entregues a ella será todo más fácil. Podrás despedirte de cada persona que te importa y prepararte para este gran viaje que vas a emprender. Invierte tu energía en recordar los momentos de plenitud y alegría, agradece todo lo bueno que has vivido y déjate ir».

Cómo tratar con la familia

La función de una doula del final de la vida no se focaliza únicamente en el paciente, sino también en la familia de este. Hay incluso situaciones en las que los familiares necesitan más apoyo y atención, por lo que todo lo que hemos aprendido que puede hacerse con la persona que está muriendo resulta también útil para sosegar a las familias, aunque siempre lo más efectivo es estar ahí para escuchar activamente.

En la mayor parte de las ocasiones resulta más fácil tratar con la persona que va a fallecer que con sus familiares, ya que muchos se encuentran o bien en un estado de negación —incapaces de asumir la pérdida inminente— o bien en un estado de nerviosismo álgido, enfado o frustración. A muchos los puede sumir en una melancolía o depresión porque sufren un duelo anticipado; otros se queman —síndrome *burn-out*— debido al agotamiento emocional y físico, lo que les conduce a una falta de cuidado, higiene y atención personal seguida de una pérdida de autoestima. Esta misma saturación emocional se denomina «claudicación familiar» cuando le sucede a la vez a todos los miembros de la familia, lo que los incapacita para ayudar al paciente en su transición.

Hay muchos otros problemas que emergen relacionados con la familia, todos ellos complejos. Uno de ellos es el que se conoce en España como «el síndrome del hijo de Bilbao» y que hace alusión a los hijos que viven fuera, pero que asumen un protagonismo de última hora y que, sin conocer las dinámicas del paciente, a sus cuidadores o al personal hospitalario, tienden a culpabilizar a los demás o a exigir desproporcionadamente, con una actitud agresiva que muestra lo difícil que es emocionalmente para ellos aceptar la situación de su progenitor. Es un asunto tan difícil de tratar como cuando la doula del final de la vida se encuentra a un familiar absolutamente dependiente del paciente, que se cree indispensable, que controla todo y que no quiere dejarlo solo en ningún momento, por lo que lo priva de espacio íntimo. Es importante tratar de trazar los límites entre el paciente, el familiar y otros cuidadores, pero hay que ser capaz de hacerlo sin herir ni producir desequilibrios. La mejor forma es recordar al familiar la necesidad de cuidarse.

Los familiares también necesitarán especial apoyo de la doula del final de la vida si se produce «el síndrome Lázaro», que es cuando ya estaban preparados para la muerte de un ser querido y este experimenta una repentina mejoría que le hace salir de su situación de riesgo. Del mismo modo que necesitarán ayuda cuando el paciente en fase terminal experimenta una mejoría transitoria que los esperanza, pero luego vuelve a su abatimiento y fallece poco después.

Los seres queridos del enfermo terminal sufren porque aman, pero lamentablemente en muchos de los casos ese amor se manifiesta mediante un apego tóxico. No permiten que el ser amado muera en paz de una forma orgánica, porque se resisten a la idea de vivir sin él. La no aceptación de la realidad les produce todo tipo de malestares anímicos y físicos que dificultan o incluso deshacen el trabajo de la doula del final de la vida. Esta intensa afectación familiar se agrava especialmente cuando el enfermo terminal no solo está preparado para morir, sino que quiere morir, pero sus familiares o seres queridos lo retienen, lo que hace que el paciente sufra más de lo necesario, estirando un proceso que, una vez que ha empezado, es irreversible.

La labor de la doula del final de la vida en estos casos ha de enfocarse en tratar de ayudar a las personas que rodean al enfermo terminal a concienciarse de su estado, aceptarlo y apoyarlo en su proceso, dándole total protagonismo y respetando sus decisiones y sentimientos en caso de que pueda manifestarlos. «¿Cómo te sientes?», «¿hay algo en lo que pueda ayudarte?» pueden servir de frases iniciáticas para romper el hielo y empezar una conversación cuyo objetivo es que sean capaces de despedirse del paciente aceptando, sin caer en la desesperación, dándole su beneplácito para que pueda irse en paz.

CÓMO PROTEGER AL PACIENTE

La desensibilización afecta a las personas que pasan mucho tiempo acompañando a moribundos.

Recuerdo una conversación entre dos auxiliares de enfermería que venían a cambiar las sábanas de la cama donde estaba el paciente. Frente al moribundo, una le preguntó a la otra cuándo creía que se iba a morir, a lo que la segunda respondió «yo creo que le quedan un par de días». Teniendo en cuenta que se ha demostrado científicamente que el oído es lo último que se pierde, aunque un paciente se encuentre en un estado de mínima conciencia o no sea capaz de comunicarse, no se puede asumir que no escuche. Muchos pacientes que han salido del coma han manifestado haber sido capaces de escuchar con claridad diálogos que pueden reproducir. Todas las conversaciones relativas al estado crítico del paciente deben hacerse fuera de la habitación para garantizar que no las oiga, lo cual puede repercutir negativamente, alarmándolo en una situación de absoluta impotencia. También se debe evitar una narrativa con connotaciones negativas o dejarse llevar por estados de ánimo que no favorecen al paciente, como el enfado, la irritación, el cansancio, la frustración o la tristeza, que solo contribuirán a agravar su estado.

Por otra parte, cuando se pasa mucho tiempo junto a alguien que no puede expresarse la gente actúa como si esa persona no existiera o fuera un mueble, y se pueden dar conversaciones triviales en torno a la política, el supermercado o las vacaciones sin considerar que la persona está en la transición más importante de su vida. Hay incluso quien tiene acaloradas discusiones o conversaciones telefónicas con terceros a los pies de la cama donde alguien está muriendo.

En estas situaciones es fundamental recordar que, sea cual sea el estado en el que se encuentre el paciente, la persona está viva, siendo prioritario respetar en todo momento su espacio, su privacidad y su dignidad, sin concesiones.

Si una doula del final de la vida presencia este tipo de conversaciones ha de interrumpirlas educadamente, tratando siempre de no herir las sensibilidades de los seres queridos o trabajadores que pueden sentirse ofendidos —a nadie le gusta ser regañado, especialmente por un desconocido—. Para evitar confrontaciones frente al paciente es siempre preferible dirigirse al personal sanitario o a las personas en cuestión y preguntarles si pueden hablar un momento afuera. Una vez allí se puede abordar el asunto, siempre con mucha suavidad.

Cómo cuidarse para que la experiencia no repercuta negativamente

No es agradable ser testigo de cómo una persona sufre, y es complejo ser capaz de transmutar el dolor ajeno de una forma profesional, pero cercana, sin que se infiltre en uno mismo; por eso es necesario prepararse diligentemente. Lo más importante, tanto para la doula del final de la vida como para el cuidador, es tomarse el tiempo necesario, delegar en otros y darse descansos. Un *break* (periodo de reposo) a diario e, idealmente, un día a la semana para descansar.

Cada día es distinto y nosotros también nos sentimos de forma diferente, más o menos susceptibles, fuertes, de mejor o peor humor. Teniendo este factor en cuenta es deseable hacer un reajuste a diario y dependiendo de las necesidades concederse más o menos tiempo para «recargar pilas». ¿Sabes qué es lo que recarga tu energía más rápido? No se trata de tomar una barrita de cereales, sino de conseguir un estado emocional pleno o una vibración alta de forma rápida. Te recomiendo encarecidamente tomar lápiz y papel y hacer un listado de actividades o cosas que hagan que te sientas bien de inmediato. Una vez que las tienes identificadas es más fácil recordarlas y ponerlas en práctica cuando sea necesario. Por ejemplo, puede ser una canción que te active o te ponga de buen humor, quizá sea una imagen o un recuerdo; quizá saltar te active, echarte un baile o hacer unas posiciones de taichí. En cualquier caso, es importante que sepas lo que te funciona, lo que te reconecta con tu esencia.

Después está el ritual. Antes y después de una visita a un enfermo terminal, uno ha de prepararse para procesar lo que va a experimentar o ya ha experimentado, e integrarlo en su día a día con suavidad, de forma orgánica. Si uno no se concede este tiempo y espacio, puede sufrir ansiedad y un estrés que irá aumentando y acumulándose. Esta energía negativa debe liberarse para que no se convierta en una carga emocional. Por eso los mismos psicólogos necesitan a su vez de psicólogos: el desahogo es fundamental. Todos necesitamos de este espacio individual de autocuidado, y es nuestra responsabilidad proporcionárnoslo.

Hay muchas formas de crear un espacio emocional sano. En términos generales, para oxigenar la mente no hay nada mejor que la meditación, de la que ya hemos hablado tanto. Sigo insistiendo porque creo que, a veces, aunque la meditación sea la herramienta más fácil, barata, cómoda y efectiva, probamos mil otras cosas dejándonos llevar por la pereza. Y también para aumentar la energía, mejorar el estado de ánimo y ayudarnos a conciliar mejor el sueño, pero enfocándonos más en el cuerpo, está el deporte como remedio infalible.

Pero en el caso de la posvisita, no solo necesitamos desahogarnos, sino integrar el aprendizaje que ha tenido lugar y que nos ha producido un impacto a nivel consciente o subconsciente. Para ello tenemos que entender nuestras emociones, saber interpretar de dónde vienen y con qué conectan con el fin de gestionarlas y que no nos perturben.

Las actividades que propongo son las siguientes:

1. Darse un baño con sales para limpiarse energéticamente. Es importante separar nuestra vida de la de aquellos cuya vida está terminando. Si la experiencia impacta de forma negativa en nuestro estado de ánimo, quiere decir que no estamos preparados emocionalmente para ello. El ritual del baño de sales —se puede reemplazar por un paseo— resulta útil porque ayuda a dar por concluida la jornada, permitiendo un regreso a la rutina sin que la cotidianidad se vea afectada por lo que se acaba de experimentar. Es crucial recordar que la conciencia de muerte no debe funcionar como depresor, sino, por el contrario, como estímulo que propicie gozar de la vida en plenitud mientras se pueda.

2. Dado que se evita hablar con terceros de lo que hemos vivido para proteger la intimidad del enfermo terminal

y que, además —a no ser que se trate de una sesión de psicoterapia—, no es ideal sobrecargar a un mismo interlocutor con nuestras preocupaciones, después de cada una de las visitas que hagamos es importante encontrar la manera de poder expresarnos libremente.

Hay una forma de poder ser brutalmente sinceros, desahogándonos verbalmente sin dañar a nadie ni ser dañados: hablar frente al espejo. Aunque al principio pueda resultar incómodo o parezca que estamos enloqueciendo, es una técnica infalible que nos reconcilia con nosotros mismos y que nos recuerda que somos nuestro mejor amigo. Hablándonos como si le habláramos a otra persona podemos beneficiarnos de las ventajas de exteriorizar en voz alta los pensamientos —estructurándolos y dotándolos de un sentido— y entender lo que realmente nos atormenta. Otro ejercicio diferente que se puede hacer frente al espejo es darnos consejos, diciéndonos a nosotros mismos lo que nos gustaría que alguien nos dijera. Si mirarse resulta tan incómodo que impide que se realice bien el ejercicio, también se puede hablar con uno mismo grabándose audios. Nos los enviaremos por WhatsApp y los escucharemos.

3. Realizar durante 15 minutos ejercicios *pranayama*, que se traduce del sánscrito como «control de la respiración». Esta técnica permite calmar la mente y deshacer los bloqueos energéticos de forma que la energía pueda

fluir por nuestro cuerpo. Sentados cómodamente en postura de loto, semiloto o piernas cruzadas, la mano derecha —si se es diestro— se colocará en vishnu mudra —los dedos índice y corazón estarán cerrados tocando el dorso de la mano, y los otros tres estirados.

a. Al inhalar durante 5 segundos taparemos el orificio izquierdo de la nariz con el anular y meñique.
b. Retendremos la respiración durante 5 segundos.
c. Y después exhalaremos durante otros 5 segundos tapando el orificio derecho con el dedo pulgar. Iremos alternando durante 15 minutos.

Una vez que se domina la técnica podemos añadir la visualización que hace singular a este pranayama. Cuando inhalemos nos llenaremos de blanco, visualizando una luz que nos bañe y limpie por completo, y cuando exhalemos visualizaremos toda la suciedad del miedo, la frustración, el cansancio y lo negativo saliendo de nuestro cuerpo por las puntas de los dedos de manos y pies en forma de humo negro. De esta manera procuraremos recargarnos energéticamente, al tiempo que desechamos todo aquello que no nos sirve.

4. Sostener una piedra o cristal de sanación. Hay ciertos minerales que llaman nuestra atención aparentemente de forma azarosa, pero intrínsecamente se debe a que tienen una propiedad que necesitamos. Asirlos nos

ayuda a encontrar el equilibrio emocional, al armonizar nuestros chakras —centros energéticos distribuidos por el cuerpo—. Por ejemplo, durante mucho tiempo mi instrumento ha sido un cuarzo blanco. Un cuarzo grueso sin pulir, de medio metro de longitud, que me hace sentir fuerte, segura y poderosa cada vez que lo sostengo. Entre sus muchas propiedades es considerado un cristal purificador y calmante. Lo busco generalmente en momentos de miedo, dolor, inseguridad o insomnio y me lo coloco en el pecho, en el vientre o en la frente, o simplemente lo sostengo entre mis manos. Me ayuda siempre a volver a mi centro, desde donde puedo dominar la situación, domar las emociones. Cuando he tenido alguna sesión especialmente densa como doula del final de la vida, sostener mi cuarzo me ha ayudado a absorber la energía negativa, neutralizándola y liberándome de su carga. Realmente siento que la piedra recoge todo lo que yo no necesito, por eso no se pueden prestar y es necesario limpiarlas con agua y sal después de cada uso. Se recargan dejándolas al aire libre las noches de luna llena.

5. La terapia vibracional equilibra el cuerpo mediante la resonancia del sonido de un instrumento —pudiendo incluso modificar la información celular— y ha demostrado ser muy eficiente, por eso hoy en día los baños de sonido con gongs están en boga. Yo prefiero que no

sea un evento ocasional, y para poder disfrutar de sus beneficios en mi día a día tengo un cuenco tibetano que me permite sintonizar con mi esencia, al tiempo que me ayuda a relajarme. La frecuencia de estas ondas de sonido contribuye a aumentar los niveles de conciencia, por eso me sirve no solo para conseguir un estado de sosiego, sino también para procesar con suavidad lo que he vivido. Además, cuando toco el cuenco tibetano suelo bostezar, lo que asocio a un desbloqueo de resistencias y liberación de tensiones, que siempre es algo positivo.

6. Escribir sobre la experiencia. Mantener un diario ayudará a procesar las emociones que se van agolpando dentro de nosotros y de las que, en ocasiones, no tenemos conciencia.

Y después de oxigenar mente y cuerpo, de integrar lo que hemos vivido con nuestra esencia y sintonizar con una vibración alta, podemos dedicarnos al descanso y al placer.

Era COVID-19: cómo acompañar en la distancia

Hay un antes y un después de que se desencadenara la pandemia. Aquellos que no han sufrido la COVID-19 en primera persona conocen a alguien que sí ha enfermado y todos somos más conscientes de que cualquiera —independientemente de su edad— puede morir en cualquier momento. Sin embargo, muchos han tenido que constatar este hecho y encajarlo mientras lidiaban con la madeja de tristeza y sufrimiento que supone perder a alguien de forma inesperada.

Aunque ya sabemos que tenemos que esperar a la muerte en todas partes y en todo momento, y que a lo largo de nuestra vida vamos a ir perdiendo a todas las personas que nos importan —a no ser que muramos nosotros antes—, procesarlo es mucho más difícil. Pero, además, la pandemia nos ha obligado a enfrentarnos a muchos y continuos desafíos que funcionan como agravantes. Uno de los más duros es el no poder acompañar a un ser querido que está muriendo debido al virus o lo que lo ha desencadenado. Desde marzo de 2020 hasta finales de julio de 2021 se estima que en España murieron 29.757 ancianos que vivían en residencias. Es una cifra devastadora teniendo en cuenta que murieron aislados sin poder ser acompañados por ningún ser querido, como sucedió con decenas de miles de personas en nuestro país, una vez que ingresaron en el hospital.

Estos son algunos de los puntos que compartí con aquellos que me pidieron ayuda cuando se encontraban en la situación de no poder acompañar físicamente a sus seres queridos. Estas recomendaciones los ayudaron a sobrellevar la situación con más fortaleza:

- *Nadie muere solo*. En los momentos finales de la vida, los moribundos se encuentran en un limbo y es frecuente que suceda lo que los médicos denominan delirios;

episodios en los que sonríen y mantienen conversaciones con seres queridos que fallecieron o espíritus. La gran mayoría de las personas que trabajan en cuidados paliativos han experimentado episodios que no pueden explicar de una forma racional. Independientemente de que sean producto de la medicación o visitas reales, estas visiones tienen un efecto muy positivo en la persona que va a morir: consuelan, tranquilizan y le hacen perder el miedo a la transición. En ese tramo final están conectados con esa fuerza que se los está llevando y no tienen tanta conciencia de las circunstancias en las que su vida está terminando —dónde están, quién los acompaña... etc.—. Tener esta información puede que ayude a mitigar el sentimiento de angustia e impotencia y darnos un poco de confort.

- *El amor se demuestra durante toda la vida, no solo al final.* Nos generaría mucha incomodidad que alguien que no ha estado presente en nuestro día a día o que no haya tenido ninguna importancia para nosotros se personificara mientras agonizamos. No solo sería extraño, sino también invasivo. Pensar en nuestra escena final puede ayudarnos a entender mejor que la muerte debería ser un reflejo de la vida y, en ese sentido, el final no debería ser distinto al durante. Explico esto para remarcar que quien se ha sentido amado durante toda la vida no va a sentirse súbitamente abandonado porque las circunstancias sociales e históricas impidan la presencia física. De la misma forma que si alguien no se ha sentido acompañado o querido durante su vida, no va a cambiar su forma de sentir porque alguien en su lecho de muerte le pida perdón o le exprese su amor. Se puede perdonar, pero eso no quiere decir que sentirse súbitamente amado pueda compensar los años de vacío. Esta reflexión puede consolarnos si durante la vida de la persona que ahora está muriendo hemos estado presentes de forma activa, celebrando y compartiendo los momentos tanto buenos como malos.

En otras palabras, lo que en verdad importa es haber formado parte de la vida de la otra persona. El amor es acumulativo, no un punto álgido a modo de colofón, eso solo funciona en las películas —que suelen acabar ahí, en un sol mayor.

- *Se puede mandar energía reiki, rezar o meditar pensando en la persona que está enferma.* Si no se está familiarizado con el reiki, se puede simplemente pensar en la persona en cuestión mientras escuchamos un canto como el *Brahmananda Swarupa* o alguna melodía de cuencos tibetanos en un tono suave.

  También se puede hacer una meditación *metta*, de amor incondicional:

  1. Sentados en una posición cómoda empezaremos a tener conciencia de cómo respiramos,

hasta que poco a poco la respiración se vaya acompasando, volviéndose armónica.

2. Inhalamos profundamente y cantaremos el mantra «OM», dejando que vibre en nuestra garganta lo máximo posible. Cuando se acabe la respiración, llenaremos de aire nuestros pulmones inhalando profundamente otra vez y repetiremos el proceso dos veces más.
3. Visualizaremos a la persona enferma cubierta de una luz blanca o rosada que la envuelva desde los pies hasta la coronilla, llenándola de paz y amor.
4. Elegiremos una frase o mantra positivo que resuene con la situación. Por ejemplo: «Gracias por todo lo que nos has enseñado. Ahora es momento de irte. Déjate ir sin miedo. Te queremos mucho y te recordaremos siempre». Y lo repetiremos durante al menos once minutos.
5. Recordaremos la alegría y los buenos momentos compartidos con la persona que está muriendo.

- *Estas circunstancias son una oportunidad para trabajar la aceptación de todo aquello que no podemos controlar.* Durante muchos años yo hacía de la resistencia mi estandarte, como un acto de rebelión a una realidad impuesta cuyas condiciones rechazaba, porque me parecían injustas. Sentía que estaba en todo mi derecho a quejarme con indignación. Y sí, somos libres de elegir cómo reaccionar. Pero con el tiempo me fui doblegando, porque rechazar lo que ocurría solo me producía malestar y no estaba en mi mano solucionarlo.

Las cosas simplemente son lo que son. Somos quienes somos. Algo no es ni bueno ni malo, simplemente es, pero podemos tratar de percibirlo y encajarlo de una forma diferente y eso nos ayudará a vivir mejor. ¿De qué sirve enfadarse o lamentarse por algo que no podemos controlar? Lo inteligente es aceptar. Conseguirlo no sucede de inmediato; resulta muy complejo aceptar algo que no entendemos y, más aún, que no nos gusta, pero el camino espiritual requiere de una formación y entrenamiento continuo. Si dedicamos varios años de nuestra vida a estudiar una profesión para poder ejercerla, ¿por qué nos impacientamos con el camino espiritual, que es mucho más profundo, largo y complejo? A algunos les lleva toda una vida lograr la aceptación y hay incluso quien se muere sin conseguirlo. En situaciones como la presente pandemia, que se prolonga cada vez más con nuevas e imprevistas cepas y en la que nadie puede vaticinar qué va a suceder, no nos queda más que aceptar la situación con humildad. Crear un mantra que nos resulte fácil reproducir y repetirlo hasta que lo interioricemos: «No depende de mí. No está en mis manos. No hay nada que yo pueda hacer para cambiar la situación». Ceder el control a algo superior a nosotros, ya sea un dios, la energía o el azar, nos libera de una carga que no nos corresponde. Como hemos aprendido a lo largo de este libro, nuestra energía es sagrada y limitada, y debemos administrarla sabiamente antes de sobrepasar nuestras propias limitaciones.

Lo esencial es no dejarse llevar por la frustración permitiendo que nos incapacite. Con frecuencia, las emociones nos distraen de la situación que nos concierne y hay que volver al centro, a recordar lo que queremos conseguir.

Una persona importante para ti está muriendo, ¿cómo puedes ayudarla? El primer pensamiento es de desazón porque no podremos estar presentes físicamente, como nos gustaría. No son las circunstancias ideales, pero no podemos cambiarlas. Es una situación muy triste, demoledora, pero hay que seguir. Si uno se detiene, el flujo energético se bloquea y perdemos la oportunidad de lo que aún podemos hacer. Si no es físicamente, se puede acompañar llamando por teléfono, enviando mensajes, correos electrónicos, cartas y siempre, con el pensamiento, mandando energía, reiki o rezando. Vuelve siempre a preguntarte ¿cómo puedo ayudar? Y ayuda. Transforma la queja en acción. Todo lo demás es ruido, es limitante. La ira, el enfado, la impotencia, la tristeza... no van a ayudar ni a la persona que está muriendo ni a ti. No sirven de nada.

Hay que preguntarse siempre, ¿qué puedo hacer? Apelando a lo sí está en nuestras manos, a lo que podemos hacer que solo depende de nosotros.

En algunos episodios de mi vida me he tenido que enfrentar a situaciones muy frustrantes que distaban mucho de ser como yo hubiera querido que fuesen. Las primeras veces, tras el estupor inicial, me dejaba arrastrar por una ola de alarmismo, porque no sabía cómo lidiar con la situación, que se volvía cada vez más caótica y enrevesada a medida que yo me ponía más nerviosa. Como la situación no era como había imaginado que sería, se convertía dramáticamente en el peor de los escenarios y no me resultaba posible ver más allá. Sufría una crisis aguda de angustia. Los acontecimientos que nos sorprenden porque no son como esperábamos suelen ser paralizantes. Lo importante es recordar que, aunque sean escenarios más difíciles de sortear, siempre hay formas de afrontarlos, aunque no sean las tradicionales.

Pondré un ejemplo. Mi abuela materna era mi persona favorita en el mundo. Era una mujer noble, vital, compasiva, íntegra, fuerte. Una mujer-maravilla. Me cuidó durante toda la infancia mientras mis padres trabajaban y nunca discutí con ella. La recuerdo siempre alegre, contándome cuentos, peinándome, cantando y bailando mientras cocinaba o íbamos a hacer recados por el pueblo. Todo el que la conocía la quería. Toda mi energía y mi curiosidad por conocer el mundo nace de ella. Las últimas navidades que pasé con ella, ya no podía levantarse de la cama. Tenía una demencia acusada —había empezado a deteriorarse diez años antes—, pero físicamente estaba bien, así que podría haber seguido así mucho tiempo. Cuando mis vacaciones terminaron y en enero tuve que regresar a Nueva York para trabajar, pasé a su casa a despedirme de ella. Era muy temprano y ella aún dormía, pero despertó al notar que entraba en la habitación y sonrió al verme. Me acurruqué junto a ella en la cama de la que ya no se podía levantar, recuerdo las sábanas de franela. Le susurré muchas cosas al oído y sé que me entendía.

Tres noches después, ya en Nueva York, recuerdo que me sobrecogió una tristeza inmensa, súbita. Llevada por una repentina necesidad de saber, me puse a mirar vuelos por si tenía que regresar urgentemente a España y me produjo mucho desasosiego ver que no había apenas opciones de llegar pronto, teniendo en cuenta que no había vuelo directo. No pude cenar.

Esa misma noche me desperté a mitad de la madrugada. Instintivamente miré el teléfono móvil, que estaba silenciado, y encontré un mensaje donde mi padre me acababa de comunicar que mi abuela había muerto. En aquel momento me sobrecogió el terror. No había entendido aún que mi abuela estaba muerta, no lo había procesado, pero mi reacción inmediata era de angustia ante la posibilidad de no llegar a tiempo al funeral. El funeral se celebraba a las once de la mañana del día siguiente y los vuelos Nueva York-Madrid solo tenían lugar por la tarde. Aunque aterrizara en Madrid por la mañana temprano, me quedaba un segundo vuelo, Madrid-Alicante y, después, tenía que conseguir que alguien me recogiera en el aeropuerto y me llevara una hora y media de camino hasta mi pueblo.

No daba tiempo. Era imposible llegar a esa hora.

Yo estaba lista para salir, me hubiera ido en ese mismo instante, a las cuatro de la mañana, pero tenía que esperar hasta que el avión despegara, 13 horas más tarde. —Luego estaba el precio desorbitado, pero en aquel momento hubiera pedido hasta dinero prestado para poder irme—. Cada vez que pensaba que estaba en otro continente me desgarraba un llanto histérico y desolador.

¿Cómo no iba a estar presente en el funeral de mi abuela? No podía concebirlo.

Mi marido, que es mi mayor maestro, me ayudó a serenarme, porque en aquel estado de enajenación me había perdido por completo. Es imposible ver con claridad cuando se está a merced de la desesperación. Hay que respirar hondo hasta recuperar el equilibrio emocional y volver a tener el control sobre nosotros mismos. Desde la calma el paisaje es siempre distinto. Mi situación era muy complicada, pero podía tener solución: solo había que encontrarla. Si me hubiera quedado en el estupor y los lamentos, habría perdido la oportunidad de acompañar a mi abuela en un momento que para mí era muy importante. No era la situación más fácil, era la que era.

Agradecí poder conseguir esa noche uno de los dos asientos que quedaban libres en el avión y pedí a mi familia que retrasara el funeral. Mi padre vino a recogerme al aeropuerto y llegamos con tiempo de ver a mi abuela incluso en el velatorio. Para mí fue tan importante ver su cuerpo vacío para entender que estaba muerta como poder abrazar a mi madre, a mis tíos y a mi hermana en aquel momento.

Muchas situaciones dependen de causas externas y no hay nada que podamos hacer por cambiarlas. Los hechos son los mismos, pero cambiar la forma en que reaccionamos ante lo que sucede hace que la historia sea completamente distinta. La inteligencia radica, precisamente, en la capacidad de adaptación a las circunstancias.

Podemos decir que algo que nos concierne a la mayoría —si no a todos los seres humanos, sí a los que leen este libro— es aspirar a ser mejor persona cada vez, cada día, cada año. Es una ambición noble que, además, es factible.

Ahora más que nunca es necesario que pongamos en funcionamiento lo que ya sabemos, que es mucho. Desarrollar la compasión y ayudar de forma altruista es la mejor medicina para una sociedad narcisista y egocéntrica en la que se exige la atención del otro para buscar reafirmación, pero el otro no importa para nada más.

Lo valioso no está solo en los papeles protagonistas. Podemos ser un instrumento o un canal a través del que otra persona resulta beneficiada. Es algo mágico, porque cada acción positiva conlleva consecuencias positivas. No solo nos transforma para mejor, sino también a quienes y a lo que nos rodea. Además, es importante recordar que estamos tan interconectados que el aleteo de una mariposa se puede percibir al otro lado del mundo. Así que, aunque parezca que estamos contribuyendo de forma ínfima, cada acto de amor que hagamos tendrá un impacto positivo en el mundo.

Es algo en sintonía con uno de los proverbios del refranero popular «haz el bien sin mirar a quien» o lo que viene a ser lo mismo: es recomendable practicar la bondad en cada una de nuestras interacciones. A mí me gusta y me ayuda pensar que, de cierta forma, todos somos la misma persona o que hay algo de nosotros en los demás. Acompañando a otra persona a morir, también nosotros, o algo de nosotros, muere.

Hemos muerto ya muchas veces.

Nos queda el amor.

4

CUADERNO DE CLARIDAD EJERCICIOS PRÁCTICOS

CONOCE TUS HERRAMIENTAS. ONCE PREGUNTAS CLAVE PARA LA DOULA DEL FINAL DE LA VIDA / CUIDADOR

1. ¿Cuáles son tus límites?

2. ¿Qué te recarga energéticamente o te pone de buen humor?

3. ¿Qué te ayuda a superar el dolor que produce la pérdida?

4. ¿Qué te ayuda a calmar tu ansiedad o tu tristeza?

5. ¿Tienes algún objeto especial cuyo contacto pueda tranquilizarte? Si no lo tienes, piensa en uno que pueda ejercer esa función

6. ¿Qué mantra o frase te da paz? Si no lo sabes, piensa en una

7. ¿Qué mantra o frase te empodera? Si no tienes, busca uno

8. ¿Qué canción te hace sentir bien? Puedes anotar una o varias

9. ¿Qué texto te da paz? Si no lo sabes, piensa en uno

10. ¿Qué imagen te ayuda a no tener miedo? Si no lo sabes, piensa en una

11. ¿Qué recuerdo te hace sentir alegre?

1. ¿Cuáles son tus mayores virtudes?

2. Recuerda una situación en la que pasaste mucho miedo. ¿Cómo lo gestionaste? ¿Qué te ayudó a superarlo?

3. Menciona tres situaciones en las que ayudaste a alguien. ¿Cómo lo conseguiste?

4. A lo largo de tu vida, ¿qué te ha agradecido más la gente?

5. **¿Alguna vez tuviste miedo, pero lo ocultaste porque alguien tenía más miedo que tú? ¿Por qué lo hiciste?**

6. **¿A qué situaciones adversas te has enfrentado con éxito?**

7. ¿Puedes nombrar algún momento en que hayas querido rendirte pero has seguido hacia adelante?

8. Imagina que estás al final de tu vida. ¿Qué te gustaría que te dijeran?

Para poder acompañar a alguien en su proceso de muerte es fundamental estar en paz tanto con nuestra vida como con nuestra propia impermanencia. Los cuidadores o *death doulas* heridos —con algún grado de necesidad o insatisfacción— no podrán dedicarse plenamente a servir y ayudar al otro y sus carencias pueden intervenir negativamente en el proceso final de la persona a la que se quiere ayudar. Por eso es importante trabajar primero en uno mismo, con mucha paciencia y compasión, antes de poder servir de ayuda a los demás.

Una forma de prepararnos es meditar sobre nuestra propia muerte. La idea es realizar una práctica progresiva donde se pueda ir eliminando poco a poco todo aquello que nos perturba, hasta que seamos capaces de enfrentarnos a la muerte sin temor, entregándonos dóciles, con suavidad y confianza. Porque en el lecho de muerte de nada servirá el éxito que se haya tenido en la vida —sea lo que sea que signifique para cada uno—, ni la riqueza económica que se haya acumulado, ni lo que hayamos hecho en el pasado, ni cuánta gente nos acompañe. Solo importará cómo nos sentimos, si nos hemos preparado espiritualmente para que ese momento no nos asuste, para poder experimentarlo con serenidad y una conciencia tranquila.

Una forma de afrontar nuestra condición humana es meditar sobre 9 puntos fundamentales al despertar cada día. La prueba de que se han interiorizado es cuando se consigue leerlos sin miedo, con aceptación, sin que tengan el poder de desestabilizar. Se trata de un ejercicio fundamental para medir el avance espiritual. Se trata de una práctica milenaria que nos ayuda a concienciarnos de que nuestro tiempo vivos es limitado.

Antes de leer este ensayo, puede que un listado como el que sigue a continuación solo consiguiera deprimirte, pero confío en que, después de la lectura y de haber procesado toda la información, haya menos sufrimiento y resistencia y este listado te ayude a aceptar nuestra temporalidad de una forma sana y serena.

1. *Nadie ha escapado a la muerte.* Piensa en todas aquellas personas que has admirado —actores, escritores, músicos, filósofos— y que, pese a su éxito y sus vidas plenas de experiencias, han muerto. Piensa en todos los seres queridos que han fallecido: cómo vivieron, amaron, trabajaron, sufrieron y tuvieron momentos de apogeo, pero también acabaron muriendo. Piensa en las personas que te importan y que todavía viven, y visualízalas muriendo, porque tenemos la certeza de que morirán. Mantente en la imagen, enfréntate a ella, sostenla. Y visualízate a ti muriendo también y estando en paz con ese momento.
2. *Cada vez estoy más cerca de la muerte.* Pase lo que pase, el tiempo no se detiene. Nacer es también empezar a morir, no hay pausa ni refugio que nos pueda guarecer.
3. *Cada vez queda menos tiempo para prepararme espiritualmente para el momento de la muerte*; en consecuencia, es importante que dedique tiempo a ejercitarme y fortalecerme mentalmente, meditando y haciendo visualiza-

ciones, el mismo tiempo que a diario dedico a cocinar, limpiar y trabajar.

4. La esperanza de vida de cada persona es incierta, desde el momento en que uno nace está expuesto a la muerte. *La vida puede acabar en cualquier momento* por factores múltiples: desde aquellos contra los que no se puede luchar, como la genética o la edad, o los sorpresivos, como la enfermedad o los accidentes.
5. *Hay más condiciones que ponen en peligro la vida, que las que la protegen.* La propia naturaleza puede volverse en contra del ser humano en forma de catástrofe natural. Han aumentado las erupciones, inundaciones, huracanes y terremotos de grandes magnitudes. Incluso aquello que supuestamente mejora nuestras condiciones de vida puede volverse letal, como la comida, la medicina o los medios de transporte, del mismo modo que el organismo de un ser humano puede desarrollar enfermedades autoinmunes o provocar desórdenes mentales donde el propio individuo se vuelve contra sí mismo.
6. *Mi cuerpo es frágil.* Todo el conocimiento adquirido a lo largo de mi vida no va a impedir el empeoramiento gradual de mi cuerpo. Lo único que me puede beneficiar es la sabiduría espiritual que haya adquirido, lo que me puede proporcionar confianza, aceptación, amor, compasión y paciencia en mi última etapa.
7. *La riqueza y las posesiones no pueden ayudarme.* No solo no podrán liberarme de la muerte, sino que pueden

añadirme preocupaciones en el momento de desligarme de la vida.

8. *Mis seres queridos no pueden ayudarme*. Moriré solo.
9. *Mi cuerpo no puede ayudarme*. Pese a que me ha acompañado durante toda la vida, ha llegado el momento de desprenderme de él. Cuanto más unido me sienta a mi cuerpo, más dolorosa será la separación.

Yo practico una versión reducida a tres puntos, que me empodera y me resulta fácil de recordar:

- La muerte es inevitable, todos los seres vivos mueren.
- El momento de la muerte es incierto.
- Nada ni nadie puede ayudarme a morir. Moriré solo/a.

Meditación para acompañar a morir

La meditación que propongo para acompañar en el momento de transición lleva utilizándose desde tiempos ancestrales para ayudar a transitar situaciones difíciles. Se trata de una meditación del budismo tibetano conocida como *tonglen* —que se traduce como «dar y recibir»—, a través de la cual se puede transformar el sufrimiento propio y ajeno en paz. Es una meditación que puede realizarse en cualquier lugar y que se fundamenta en la fortaleza de la compasión.

Aunque los pasos son sencillos es una meditación con una carga emocional intensa que puede resultar difícil al principio. Por eso es muy importante que antes de empezar a trabajar la compasión por el otro, tengamos compasión por nosotros mismos. Con la práctica iremos perfeccionando la técnica y sintiéndonos más cómodos durante el proceso.

1. Cierra los ojos, relaja los hombros y el cuello, y empieza a respirar profundamente hasta encontrar cierta serenidad y armonía en tu interior que se mantenga de forma estable. Se consigue cuando la respiración fluye por todo el cuerpo libre de tensiones.
2. Cuando te sientas preparado/a, inhala el sufrimiento que percibas a tu alrededor, tanto de la persona que está muriendo como de los seres queridos que la acompañan. Concéntrate en absorber el dolor, la tensión, el cansancio, el enfado, el estrés y la tristeza de cuantos te rodean. Deja que el sufrimiento externo te penetre hasta que lo sientas como propio.
3. Visualiza ese manojo de emociones negativas como si fueran un humo negro que entra lentamente dentro de ti. Cuando el humo llega hasta tu corazón, se deshace suavemente hasta que no queda ni rastro.
4. Al exhalar, visualiza que todo tu ser irradia una luz potente, fresca y calmante que baña en amor a todas las personas que te rodean —o en las que estás pensando cuando realizas la meditación—. Suelta esa luz,

deja que se expanda. Es una luz que los cubre de amor, alivio y paz, limpiándolos de toda sombra, desahogándolos. Con cada exhalación visualiza que los estás llenando de felicidad y liberándolos hacia la plenitud y el descanso.

Repite el proceso el tiempo que consideres. La duración de la práctica cambiará cada día dependiendo de nuestro estado emocional y de las necesidades a nuestro alrededor.

Últimos deseos en 26 respuestas

Nunca es demasiado pronto para hablar de cómo nos gustaría ser tratados mientras morimos: cuáles son nuestras preferencias, qué es lo crucial para nosotros y qué queremos que ocurra con nuestro cadáver una vez hayamos muerto. Recomiendo que lo tengas por escrito, que lo vayas actualizando —puedes cambiar de opinión—, que lo coloques en un lugar accesible en caso de accidente o incapacitación repentina y que lo compartas con tus más allegados, idealmente con varias personas para que la responsabilidad no recaiga solo en una, así como que lo inscribas en tu registro para que quede legalmente formalizado.

Las voluntades anticipadas, ese formulario que se encuentra en cualquier hospital, se ciñe únicamente a la estancia en el centro médico, por eso propongo este otro modelo que cubre también otros aspectos.

Es conveniente que cada persona, independientemente de su estado de salud, lo rellene y tenga claras sus preferencias. Este documento puede servir como punto de partida y herramienta para entablar conversaciones con las personas que nos importan acerca de temas sobre los que no siempre se está de acuerdo. Por ejemplo, una madre y una hija intercambiando opiniones sobre la posibilidad de solicitar la eutanasia en ciertos estados.

Si la persona para la que hacemos de *death doula* o cuidador aún está lúcida pero no ha escrito sus voluntades, será prioritario revisar el documento juntos, ayudarle a rellenarlo y a descubrir cuáles son sus opciones. Hay quien tiene las respuestas muy claras y quien, por el contrario, necesita de mucho más tiempo. En esos casos será una conversación que se retomará cada tanto ya que, por muy incómoda que resulte, es esencial que todos los puntos queden aclarados.

Últimos deseos en 26 respuestas

Yo, ____, mayor de edad, con el NIF/NIE núm. ______________, con domicilio en ____________________, callc______________________________ ______________, núm. ______, piso________ y código postal _______, con el número de teléfono móvil _______________ y de teléfono fijo ________________, con la capacidad para tomar una decisión de manera libre y con la información suficiente, expreso las instrucciones que deseo que se tengan en cuenta cuando me encuentre en una situación en que no pueda expresar mi voluntad.

1. Si enfermo

❑ Me gustaría que me dieran todos los detalles de mi estado y los relacionados con el tratamiento

❑ Prefiero no saber

2. Cuando haya que tomar decisiones

❑ Quiero que se me consulte siempre todo

❑ Quiero que se consulte a ______________________________

❑ Quiero que se me consulte todo y solo en caso de no poder responder, preguntar a ______________________________

❑ Dejo en manos del personal médico que decidan lo que consideren más adecuado en cada momento

3. El tiempo estimado que me queda de vida

- ☐ Aunque yo no pregunte, quiero que se me informe con total sinceridad del tiempo estimado que me queda de vida, en qué estadio de mi enfermedad me encuentro y si voy a morir de forma inminente

- ☐ No quiero que se me diga el estadio de mi enfermedad, si estoy muriendo o cuánto se estima que me queda de vida a no ser que pregunte específicamente

4. Si mi muerte es inminente

- ☐ Quiero quedarme en el hospital con cuidados paliativos y atención permanente

- ☐ Me gustaría que me llevaran a ________________ y morir en _________________________

5. En la gestión del dolor

❏ Quiero sentirlo todo, no quiero que se me administre ningún tipo de analgésico o sedación

❏ Me gustaría que me ayudaran a minimizar el dolor siempre y cuando pueda estar lúcido/a

❏ Que, en caso de que sea necesario, me pregunten si quiero sedación

❏ Que me administren la medicación necesaria para sufrir lo menos posible

6. Privacidad

❏ No quiero que mis allegados sepan los detalles sobre mi salud

❏ No me importa que mis allegados sepan los detalles sobre mi salud

❏ Compartir los detalles sobre mi salud con ______________

____

7. Visitas

- ❑ Me gustará recibir a todo aquel que quiera venir a acompañarme
- ❑ No quiero recibir visitas de desconocidos (voluntarios, música de acompañamiento…)
- ❑ Solo aceptaré visitas de ______________________________ ____
- ❑ No acepto visitas de ________________________________ _______________________________

8. En caso de no poder comunicarme

- ❑ Quiero que me lean pasajes de ______________________ ____________________
- ❑ Quiero que me sostengan la mano para sentirme acompañado/a
- ❑ Quiero que me acaricien
- ❑ Quiero que se deje la televisión puesta para sentirme acompañado/a
- ❑ Quiero que se deje la radio puesta para sentirme acompañado/a
- ❑ Quiero escuchar música. Especialmente _______________ ____________________

9. Espiritualidad

❑ Quiero recibir la visita de alguien especializado en la muerte, no importa cuál sea su religión

❑ Me gustaría recibir la visita de un capellán

❑ Me gustaría recibir la visita de un monje budista

❑ Me gustaría recibir la visita de un rabino

❑ Me gustaría recibir la visita de un chamán

10. Iluminación

❑ Quiero que la luz en la habitación sea suave y tenue

❑ Quiero que haya mucha luz en la habitación, sea de la forma que sea

11. Si me quedo en estado vegetativo

❑ Quiero que se me mantenga la vida

❑ Quiero que se me practique la eutanasia

12. Si me quedo en estado de coma

❏ Quiero que se me mantenga la vida

❏ Quiero que se me practique la eutanasia

❏ Quiero que se me practique la eutanasia después de ________ meses

13. Si sufro un paro cardiaco

❏ Quiero que se me resucite

❏ No quiero que se me resucite

14. Si sufro un estado avanzado de demencia o Alzheimer

❏ Quiero que se me ingrese en una residencia

❏ Quiero quedarme en casa con una enfermera

❏ Quiero que se me practique la eutanasia

15. Si no pudiera alimentarme solo/a

- ❑ Aceptaría la alimentación por sonda intravenosa
- ❑ No aceptaría la alimentación por sonda intravenosa

16. Si me quedara poco tiempo, lo más importante para mí sería

____

____

____

____

____

____

____

17. Si una cirugía implica un riesgo de más de un 20 por ciento de posibilidades de quedarme tetrapléjico

- ❑ Haría todo lo necesario hasta el final, con la esperanza de mejorar mis condiciones de vida
- ❑ Preferiría no hacerme la cirugía

18. Si la quimioterapia o radioterapia no garantiza una extensión de mi vida superior a 5 años en comparación a mi esperanza de vida sin tratamiento

❑ Prefiero renunciar al tratamiento

❑ Me someteré al tratamiento pese a que no haya garantías

19. Si sufro un dolor de gran intensidad que no puede minimizarse con medicación

❑ Solicito la eutanasia

❑ Que se me aplique toda la medicación posible que pueda ayudarme

❑ Prefiero prescindir de medicación

20. Mientras agonizo

❑ Me gustaría que haya gente alrededor que rece por mí

❑ Me gustaría que alguien sostenga mi mano

❑ Preferiría estar solo

21. Durante el proceso

❑ Preferiría quedarme dormido/a

❑ Quiero estar lúcido/a

22. Una vez haya muerto

❑ Me gustaría que haya gente alrededor que rece por mí

❑ Me gustaría que cubrieran mi cuerpo de flores

❑ Quiero que se me vista con esta ropa ______________

____

❑ Me gustaría que ____________________________

____

23. Otras instrucciones sobre mi cuerpo

Manifiesto mi deseo de hacer donación de mis órganos para:

❑ Trasplantes

❑ Investigación científica

❑ Docencia

24. Con mi cadáver

- ❑ Quiero que se me entierre en un ataúd en ______________
____

- ❑ Quiero una cremación y que las cenizas______________________
____

- ❑ Quiero que se me entierre en una urna biodegradable ______
____

25. Me gustaría que mi funeral se celebrase en ____________
____

Y que consistiese en: ______________________________
____
____
____
____

26. Quiero que mi epitafio sea

____
____
____
____

ESTE LIBRO SE TERMINÓ DE ESCRIBIR EN NUEVA YORK
EN AGOSTO DEL 2021